Die Nahrungs- Und Genussmittel, Ihre Zusammensetzung Und Ihr Einfluss Auf Die Gesundheit, Mit Besonderer Berucksichtigung Der Aschenbestandteile

Ragnar Berg

Zur Einführung.

Außer den bekannten Wolfschen „Aschenanalysen", die aber keine praktische Bedeutung haben, liegen schon zwei tabellarische Zusammenstellungen der Aschenbestandteile von den menschlichen Nahrungs- und Genußmitteln vor. Die erste ist enthalten in Albu und Neubergs „Mineralstoffwechsel", leidet aber an dem Übelstand, daß die Aschenbestandteile in Prozenten der Asche ausgedrückt sind und also für ihre praktische Benutzung seitens Mediziner oder Laien jedesmal umständliche Umrechnungen erforderlich sind. Schall und Heisler haben deshalb die Tabelle von Albu und Neuberg in ihrer „Zusammensetzung der menschlichen Nahrungs- und Genußmittel" auf Gehalt in 100 g frischen Stoffes umgerechnet und ihr damit eine praktische Form gegeben. Trotzdem leidet diese Tabelle wie ihre Vorgänger an mehreren Fehlern. Erstens ist sie sehr unvollständig, sowohl hinsichtlich der Anzahl der angeführten Nahrungsmittel als bezüglich der einzelnen Aschenbestandteile: eine Menge der wichtigsten Nahrungsmittel fehlt ganz oder ist nur durch sehr unvollständige Analysen vertreten. Weiter sind, wie ich a. a. O. des näheren ausgeführt habe, unglaublich viele Daten falsch, weil sie nach falscher Methode gewonnen sind. Die „Asche" gibt ein oft ganz falsches, verzerrtes Bild der Zusammensetzung der Nahrung hinsichtlich einzelner Mineralstoffe; vor allem kommt da der Gehalt an Alkalien, Schwefel und Chlor in Betracht. Wir sprechen deshalb heutzutage in medizinischem oder physiologischem Sinne nie mehr von „Asche", sondern von Mineralstoffen eines Nahrungsmittels.

Für meine Studienzwecke hatte ich mir eine, wie ich glaube, ziemlich vollständige Sammlung der in der Literatur vorhandenen Angaben über den Mineralstoffgehalt unserer Nahrungs- und Genußmittel angelegt, die fehlenden Daten durch eigene Analysen ergänzt und versuchte an der Hand dieser Tabelle und der in der Literatur zerstreuten Angaben über die normale Ernährung einzelner Personen und ganzer Familien die normale tägliche Zufuhr an Mineralstoffen durch die Nahrung zu berechnen. Nachdem ich mehrere Hunderte solcher Kostformen berechnet hatte, kam ich jedoch zu der Überzeugung, daß die aus der Literatur gewonnenen Angaben für den

1*

„Aschengehalt" der Nahrungsmittel durchgehends dermaßen falsch und irreführend sind, daß ich für meine Zwecke notgedrungen erst alle unsere Nahrungs- und Genußmittel selbst untersuchen muß. Die beabsichtigte Veröffentlichung meiner Tabellen unterblieb deshalb. Inzwischen bin ich aber von vielen Seiten zur Veröffentlichung gedrängt worden, daß ich mich jetzt doch dazu entschlossen habe. Es geschieht aber, indem ich ausdrücklich zweierlei betone: zuerst, daß **alle eingeklammerten Werte, soviel ich sehen kann, falsch sind, und weiter, daß die Mehrzahl der Analysen unvollständig ist.** Was das für die Praxis zu bedeuten hat, geht aus folgendem hervor.

Zunächst muß hervorgehoben werden: soviel auch über die Ionenwirkung der einzelnen Mineralstoffe gearbeitet worden ist, so wissen wir doch über ihre Wirksamkeit in komplexen Verbindungen und über den Bedarf des Menschen an diesen Stoffen absolut nichts. Wir finden zwar in der Literatur für manche dieser Stoffe Angaben über den wahrscheinlichen Bedarf; diese Angaben schweben jedoch aus dem Grund völlig in der Luft, weil wir niemals den wirklichen Bedarf an einem Mineralbestandteil ohne gleichzeitige Berücksichtigung aller anderen bestimmen können. Solche Versuche, die einen außerordentlich großen Aufwand an Arbeit, Zeit und Kosten erfordern, sind aber bis jetzt noch nicht ausgeführt worden; stets hat man nur einen oder höchstens wenige dieser Stoffe gleichzeitig untersucht, und die Resultate haben deshalb keine allgemeine Gültigkeit.

Der praktische Arzt oder der Laie, der an der Hand der oben angeführten Tabellenwerke einen gesunden Speisezettel zusammenstellen möchte, findet weder aus noch ein in dem Dunkel, das unsere Unkenntnis über den Bedarf des Menschen an den verschiedenen Mineralstoffen über die ganze Materie verbreitet. Und doch haben wir einen Leitstern, der uns durch dies Chaos führen kann; leider aber ist er bis jetzt als solcher gar nicht erkannt worden. Wir finden ihn in einer ganz ausgezeichneten Arbeit von Ernst Salkowski[1], dem rühmlichst bekannten Berliner Physiologen, die schon vor einem Menschenalter erschien, jedoch fast vollkommen vergessen worden, jedenfalls hinsichtlich ihrer Tragweite vollständig unerkannt geblieben ist. Salkowski kommt zu dem Resultat, daß Chlor stets an Kali oder Natron gebunden und fast ausschließlich durch die Nieren ausgeschieden wird, und daß Phosphor und Schwefel der Nahrung im Organismus so gut wie vollständig zu Phosphorsäure und Schwefelsäure verbrannt werden, daß weiter auch diese Säuren zu ihrer Ausscheidung durch den Darm oder die Nieren an anorganische Basen gebunden, also

[1] Virchows Archiv 1871, Bd. 53.

neutralisiert werden müssen. Schließlich: wenn dem Organismus nicht genügend anorganische Basen zu diesem Zwecke zur Verfügung stehen, so wird seitens des Organismus Ammoniak gebildet und die überschüssig im Organismus gebildeten, oder mit der Nahrung eingeführten Säuren damit neutralisiert. In neueren Handbüchern finden wir dies geradezu teleologisch gedeutet, indem die Ammoniakbildung als ein Mittel des Körpers angesehen wird, die kostbaren anorganischen Basen zu sparen; selbstverständlich ist dem nicht so: erst wenn schon Mangel an Basen vorhanden ist, tritt infolge des durch die anormale Säftezusammensetzung veranlaßten fehlerhaften Stoffumsatzes Ammoniak auf; es ist sein Erscheinen also weniger ein Indikator auf Säureüberschuß, als auf schon bestehenden Alkalimangel im Organismus.

Es ist sehr eigentümlich, aber eine Tatsache, daß ein sonst so scharfer Denker wie Salkowski selbst nicht die Konsequenzen aus den Resultaten seiner Arbeit gezogen hat. Jedem Chemiker ist ja bekannt, daß bei Oxydationsreaktionen — und um solche handelt es sich ja fast ausschließlich beim Abbau des verbrauchten Körpermateriales — die Reaktion des Mediums eine oft ausschlaggebende Rolle spielt. Die Bildung einer Substanz, die beim Oxydieren einer organischen Materie in saurer Lösung Hauptprodukt ist, geht beim Vermindern der sauren Reaktion zurück, verschwindet schließlich ganz aus der Reaktionsgleichung, während andere, die früher nur Nebenprodukte waren, Hauptprodukte werden, oder schließlich ganz neue Reaktionsprodukte auftreten. Dabei ist ebensowenig wie die Reaktion an sich gleichgültig, wodurch die Reaktion hervorgerufen wird, ob eine alkalische Reaktion auf der Anwesenheit von Kali- oder Natronhydrat oder von Ammoniak beruht; und je komplizierter eine Reaktion verläuft, um so genauer müssen die Versuchsbedingungen innegehalten werden. Es ist nun von vornherein klar, daß die Natur für die Lebensreaktionen im Organismus schon von Anfang an im Blute die optimalen Bedingungen geschaffen hat, damit diese Reaktionen unter möglichster Energieausnutzung die vorteilhaftesten Endprodukte ergeben mögen. Werden diese Bedingungen geändert, so wird die Energieausnutzung eine schlechtere werden: statt des optimalen oxydativen Abbaues z. B. der Eiweißstoffe zu Harnstoff, Kohlensäure und Wasser treten hydrolytische Spaltungen auf, die zur Bildung von Ammoniak, Aminosäuren und indirekt durch dazwischen laufende Oxydation zu Harnsäure führen. Wir können dies beim Herabsetzen der Basenzufuhr durch die Nahrung analytisch verfolgen: zuerst wird die Harnsäuremenge im Harn vergrößert, dann die Ammoniakmenge, endlich die Menge der Aminosäuren, des Reststickstoffes, gesteigert. Die Ammoniakbildung ist also nicht ein Abwehrsymptom, sondern schon eine — wenn auch heuristische — Krankheitserscheinung, und wir kommen so zu dem ersten Korrelat des Salkowskischen Satzes:

Wenn dem Organismus zu viel Phosphor, Schwefel, Chlor oder, was auf dasselbe herauskommt, zu wenig anorganische Basen zugeführt werden, so wird der Organismus krank.

Da der menschliche Organismus normalerweise nur verschwindend geringe Mengen von organischen Basen produziert, dagegen durch die Nieren saure organische Nebenprodukte ausscheidet, die zu ihrer Neutralisation weitere anorganische Basen erfordern, so erhalten wir ein zweites Korrelat zu dem Salkowskischen Satze, das sich im Grunde nur als eine Umkehrung des ersten darstellt:

Eine dauernd gesunde menschliche Nahrung muß so viel anorganische Basen enthalten, daß die gleichzeitig eingeführten anorganischen Säuren mehr als abgesättigt werden können.

Oder rein chemisch ausgedrückt:

Eine dauernd gesunde menschliche Nahrung muß mehr Verbindungsgewichte (Äquivalente) anorganischer Basen als anorganischer Säuren enthalten.

Das ist die einzige Forderung hinsichtlich des **Mineralstoffgehaltes** unserer Nahrung, die wir mit Sicherheit aufstellen können. Wieviel von jedem einzelnen Mineralbestandteil wir nötig haben, oder richtiger, welches Mischungsverhältnis das beste sein wird, sind Fragen, die noch jahrzehntelange, außerordentlich mühevolle Arbeiten zu ihrer Beantwortung erfordern werden.

Damit nun jeder leicht nachrechnen kann, ob diese oder jene Nahrung der obenstehenden Forderung entspricht, habe ich in den folgenden Tabellen nicht nur den Gehalt von 100 g frischen Nahrungsmitteln an einzelnen Mineralbestandteilen in Grammen, sondern auch in Verbindungsgewichten, und zwar, um nicht zu kleine Zahlen zu bekommen, in Tausendstel solcher Gewichte (Milliäquivalente) aufgeführt. Eine besondere senkrechte Reihe enthält zur weiteren Bequemlichkeit noch die Summe aller angeführten Basen, eine zweite die Summe der Säuren und eine dritte den Unterschied zwischen Basen und Säuren, wobei die Säuren von den Basen abgezogen worden sind. Ein Basenüberschuß ist dann als positiver (+) Wert, ein Überschuß der Säuren als negativer (—) Wert bezeichnet worden.

Der chemisch gebildete Leser wird erstaunt sein, daß ich die Salpetersäure, wo der Gehalt an dieser angegeben wird, als Base gerechnet habe. Der Grund hierzu ist, daß selbst verhältnismäßig erhebliche Quantitäten dieser Säure im Organismus vollständig zu Ammoniak reduziert und als solches durch die Nieren ausgeführt werden[1].

---

[1] Neuerdings ist die Salpetersäure auch als regelmäßig vorkommender Bestandteil im Menschenharn nachgewiesen worden, aber da wir noch nicht wissen, wieviel der eingeführten Salpetersäure der Reduktion entgeht, ist bis auf weiteres obenstehende Berechnungsart die richtigere, wenn auch nicht vollkommen zutreffend.

Weiter möchte ich hervorheben, daß bei meinen eigenen Analysen gewöhnlich nur 0,1—0,5 mg Tonerde zur Wägung gekommen ist; man kann wohl mit Sicherheit annehmen, daß die Nahrungsmittel, wenn sie nicht grob verunreinigt sind, im allgemeinen so gut wie vollkommen frei von Tonerde sind, da die gewogenen kleinen Mengen sicher aus den bei den Analysen benutzten Glasgefäßen stammen werden. Dasselbe gilt für Kieselsäure, die nicht mit angeführt worden ist; mag sie auch in den Vegetabilien vorkommen, so ist ihr Vorkommen z. B. in Fleisch jedenfalls so gering, daß sie mittels der gewöhnlichen Analyse nicht nachweisbar ist.

Sonst bieten die Tabellen wohl nichts Schwerverständliches. Wohl aber fällt sofort auf, daß der Charakter der einzelnen Nahrungsmittelklassen auch in dem Äquivalentenverhältnis zum Ausdruck kommt. Alles untersuchte Blut hat einen Basenüberschuß aufzuweisen, mit Ausnahme des Hühnerblutes. Ob da ein Analysenfehler vorliegt, oder ob die Vögel sich darin tatsächlich von den Säugetieren unterscheiden, muß vorläufig unentschieden bleiben; charakteristisch ist aber, daß bei den Säugetieren das Eiweiß bis zum Harnstoff verbrannt wird, während bei den Vögeln die Oxydation bei der Bildung von Harnsäure stehen bleibt. Alles Fleisch aber, gleichgültig aus welcher Tierklasse, zeigt einen großen Überschuß an Säuren, ebenso die Eier. Sehr bezeichnend ist dagegen, daß die natürliche Nahrung des neugeborenen Säugetieres, die Milch, einen Überschuß von Basen besitzt, wenn dieser Überschuß auch nur gering ist (bei der Kamelmilch würde wohl wie bei Ziegenmilch ein Plus herauskommen, wenn das Mangan mitbestimmt worden wäre). Jedenfalls aber ist dieser Überschuß genug, um einem etwa einjährigen Kinde rund 15—30 Milliäquivalente Basen in Überschuß täglich einzuverleiben, und wenigstens ebenso viel scheint auch beim Erwachsenen nötig zu sein, um ihn vollkommen gesund zu erhalten. Eine Ausnahme scheint das Kolostrum (Biestmilch) zu bilden, wo infolge des fünffach erhöhten Eiweißgehaltes ein Säureüberschuß vorhanden ist — wenn die Analyse richtig ist! Jedenfalls nicht richtig ist die Analyse des Isländischen Dauermilchpräparates Skyr. Im übrigen sind die Molkereiprodukte um so basenreicher, je ärmer sie an Protein und Fett sind. Eine scheinbare Ausnahme von dieser Regel bildet die fettreiche Sahne mit ihrem hohen Basenüberschuß; da aber bei dieser Analyse der Schwefelgehalt mit Sicherheit um etwa 1000—3000 % zu niedrig ist, würde hier in Wirklichkeit wohl ein Säureüberschuß herauskommen. Gemäß der Regel ist dann auch der Quark durch großen Säureüberschuß ausgezeichnet.

Bei den Fetten bin ich bei meinen genauen Untersuchungen auf die überraschende Tatsache gestoßen, daß alle Fette, die ich bis jetzt daraufhin geprüft habe, große Mengen von organisch gebundenem

Schwefel enthalten, der in einer bis jetzt unbekannten Form anwesend ist. Daher kommt es, daß die Fette alle starken Säureüberschuß aufweisen, bei einem in besonderer Weise gewonnenen Reisöl ergab die Analyse neben Spuren von unorganischer Schwefelsäure sogar organischen Schwefel, entsprechend 1,45 % Schwefelsäure. Man hätte sonst vermuten können, daß die animalischen Fette negative, die vegetabilen positive Äquivalentensumme ergeben sollten. Tatsächlich war bei den hier nicht aufgeführten Ölen aus Mais und Reis, sowie beim Kokosöl (Palmin) die Äquivalentensumme positiv, wenn von dem Schwefelgehalt abgesehen wurde. Die Schwefelverbindung der Fette ist in Alkohol, Azeton und vor allem Fett leicht, in Äther schwieriger löslich und widersteht sogar dem Abrauchen mit konzentrierter Salpetersäure. Ob eine so widerstandsfähige Verbindung nicht auch den menschlichen Organismus unverändert passiert, und deshalb nur mit Unrecht hier als Säure gerechnet worden ist, müssen genaue Stoffwechseluntersuchungen ergeben; vorläufig habe ich den ungünstigsten Fall als wahrscheinlich angenommen.

Die Käsesorten sind wie das Ausgangsmaterial, das Kasein, negativ. Allerdings sind die Analysen unvollständig, denn die reifen Käsesorten enthalten ja viel Ammoniak, aber ob dessen Menge die großen Schwefelsäuremengen absättigen und einen Basenüberschuß herbeiführen könnte, ist noch zweifelhaft.

Die Körnerfrüchte enthalten alle einen Säureüberschuß; Ausnahmen hiervon bilden nur Mohnsamen, Eicheln und Eßkastanien, die ja nicht zu den Getreidearten gehören, wenn sie auch mancherorts verbacken werden. Auch die aus Getreide hergestellten Mehle enthalten einen Säureüberschuß, ebenso das daraus gefertigte Brot. Eine Ausnahme bildet nur der Pumpernickel, bei welchem jedoch das Chlor, mit Sicherheit der Schwefel viel zu niedrig angegeben sind, so daß die Ausnahme auch hier nur eine scheinbare sein wird. Auch Nudeln sind negativ.

Einen zum Teil großen Basenüberschuß zeigen dagegen sämtliche Wurzelgewächse, vor allem als wichtigstes die Kartoffel. Positive Äquivalentensumme zeigen weiter alle Gemüsearten, mit wenigen charakteristischen Ausnahmen. Sobald nämlich das Gemüse aus Blütenteilen (Artischocken) oder Knospen (Rosenkohl, Hopfensprossen) besteht, zeigt es einen Überschuß an Säuren. Sehr charakteristisch sind folgende Resultate von einigen Analysen:

Milligrammäquivalente in 100 g.

				Basen		Säuren		Summa	
Grünkohl, im März,	äußere Blätter :	Basen :	24.01,	„	22.67,	„	+ 1.34
„	„	„	innere	„	„	25.93,	„	29.98,	„	− 4.05
„	„	„	Knospen	„	31.40,	„	39.98,	„	− 8.58
Spargel, Köpfe				„	19.41,	„	33.85,	„	− 14.44
„	Stengel			„	8.21,	„	5.14,	„	+ 3.07

Daß Blumenkohl dabei positiv ist, rührt eben daher, daß die Knospen im Verhältnis zu den großen dicken Stielen verschwindend klein sind. Die Hülsenfrüchte sind wie die Getreidearten alle negativ, sobald sie reifer sind; in ganz jungem Stadium, wo sie noch nicht Fortpflanzungsorgane, sondern mehr vegetative Organe darstellen, sind sie so gut wie andere Gemüse positiv (Brech- und Schnittbohnen, junge grüne Erbsen).

Alles Obst und alle Früchte sind basenreich (positiv); eine Ausnahme von dieser Regel bilden nur die echten Preißelbeeren, die so erstaunliche Schwefelmengen enthalten, daß sie negativ werden. In welcher Form Schwefel in den Früchten der Vaccinium Vitis idaea vorkommt, kann ich noch nicht sagen. Die Nußarten sind infolge ihres Reichtums an Eiweiß und Fett negativ.

Die Pilzarten sind teils positiv, teils negativ, wahrscheinlich abhängig von ihrer Lebensweise (ob Fäulnisbewohner oder echte Schmarotzer).

Die Extrakte, Nährmittel, Kraftmehle und Kindermehle sind gewöhnlich positiv oder negativ, genau wie das Ausgangsmaterial, das zu ihrer Herstellung gedient hat. Ausnahmen hiervon finden wir fast nur da, wo absichtlich unorganische Basen oder Salze zugesetzt worden sind.

Zucker hat als Extrakt aus vegetativen Pflanzenteilen Basenüberschuß. Gewöhnliches reines Kakaopulver ist negativ, ebenso Schokolade und Kolanüsse. Tee, Kaffee, Maté und Zichorie sind dagegen positiv. Bier ist wie Malz und Körnerfrüchte negativ; daß Porter und Ale positiv sind, beruht wohl auf Analysenfehlern (zu niedriger Chlorgehalt!). Traubenmost und Weine sind, soweit sie nicht gegipst worden sind, ebenso wie Trauben, Rosinen, Obst und Beeren positiv.

Der Benutzer dieser Tabellen hat noch eins zu beachten: Den Einfluß der Zubereitung auf die Zusammensetzung der Nahrungsmittel. Abgesehen von den Fällen, wo sonst unverdauliche oder unverträgliche Nahrungsmittel aufgeschlossen oder in ihrer Wirkung gemildert werden, könnte man fast zu der Behauptung verleitet werden, daß die Nahrung durch Kochen oder Braten stets minderwertiger wird. Das Eiweiß wird denaturiert, zum Teil völlig zersetzt, die hart gebackene Brotrinde kaum noch von den Verdauungssäften angegriffen; organische Phosphorverbindungen, die noch vom Organismus ausgenutzt werden können, ihm noch Energie abgeben können, werden in unbrauchbare Phosphorsäure überführt, die so wichtigen Enzyme vernichtet und so weiter. Dem steht aber gegenüber, daß die Speisen durch die Zubereitung appetitlicher, schmackhafter werden, und das ist etwas außerordentlich Wichtiges. Denn ohne Appetit gegessen, wird auch die leichtest verdauliche Nahrung „wie ein Stein" im Magen liegen. So bleibt uns nur übrig, die Schäden der Zubereitung durch vernünftige Zusammenstellung des Speisezettels möglichst zu mindern. Hierbei ist zu bedenken, daß Fleisch und Fisch beim Braten 20—40% Wasser verlieren, also gehaltreicher werden. Ein Stück Fleisch, das in rohem Zustande 38 Milliäquivalente Säureüberschuß besaß, enthält nach dem Braten 46—53 Milliäquivalente Säureüberschuß in 100 g.

Weiter: Beim Kochen oder Abbrühen der Nahrungsmittel gehen vor allem die Alkalien in die Brühe über. So kann die Fleischsuppe oder Fischbrühe sogar einen Basenüberschuß bekommen, während das ausgekochte Fleisch oder der Fisch verhältnismäßig bedeutend säurereicher geworden ist. Auch die basenreichsten Gemüse, wie z. B. Spinat, verlieren durch das Abbrühen — abgesehen von sonstigem unglaublich großem Verlust an Nährstoffen — so viel Basen, daß das fertige Gericht Säureüberschuß aufweist. Da aber das Gemüse sonst kaum Nährwert besitzt, sondern uns gerade durch seinen Reichtum an Basen so überaus wichtig ist, verwandelt das Abbrühen das Gemüse aus einem Heilfaktor in einen Schädling[1].

Es gibt noch zwei Arten, das gesunde Gemüse schädlich zu machen. Die eine ist das Düngen mit Abortjauche, wobei — abgesehen von Seuchengefahr[2] — das Gemüse mit widerlich stinkenden, Blähungen und Aufstoßen verursachenden Zersetzungsprodukten beladen wird. Die andere ist die Überdüngung des Gemüses mit schwefelsaurem Ammoniak und Superphosphat; hierbei entwickelt sich das Gemüse prachtvoll, wird aber derart mit Schwefel und Phosphor beladen, daß ein negatives Äquivalentenverhältnis entstehen kann. Zu diesen Arten, gesunde Nahrung in Gift zu verwandeln, kommt beim Dörrgemüse oder Dörrobst die Behandlung mit Schwefeldämpfen (schwefliger Säure), bei den Büchsengemüsen und eingemachten Früchten der Zusatz von Benzoesäure oder Salizylsäure („Salizyl"). Besonders gefahrbringend ist das Schwefeln.

Endlich: Beim Zubereiten von Gemüsen, Wurzelgewächsen usw. durch Kochen in Wasser nehmen die Nahrungsmittel ziemlich viel Wasser auf, so daß die fertigen Speisen in 100 g etwa $1/5$ weniger Basenüberschuß als die rohen Nahrungsmittel enthalten.

Zum Schluß sei noch hervorgehoben:

1. Die Angaben unter Eiweiß, Kohlehydraten und Fett beziehen sich auf verdauliche Nährstoffe. Es muß aber betont werden, daß diese Verdaulichkeitsangaben (nach König) meiner und anderer Erfahrung nach sehr willkürlich sind, wobei besonders die Wurzelgewächse und Gemüsearten sehr schlecht weggekommen sind.

---

[1] Wer nähere Angaben hierüber sucht, findet sie in meinem Schriftchen „Der Einfluß des Abbrühens auf den Nährwert unserer Gemüsekost". 30 Pf.

[2] Ich verweise auf die Typhusepidemie 1912 in Dresden, die einwandfrei auf den Genuß von Salat zurückgeführt wurde, der mit Abortjauche gedüngt war.

2. Alle eingeklammerten Werte sind mit Sicherheit falsch, fast stets viel zu niedrig. Ist in der Schlußkolonne auch das Vorzeichen eingeklammert, so ist damit angedeutet, daß bei Berichtigung der Analysenfehler voraussichtlich auch das Vorzeichen ein anderes werden würde (+ statt — oder umgekehrt).

3. Die kleinen römischen Ziffern über den Zahlen bezeichnen die Quelle, aus der die Angabe stammt, und zwar bedeutet:

I König „Chemie der menschlichen Nahrungs- und Genußmittel", IV. Auflage.

II Schall und Heisler „Nahrungsmitteltabelle", II. Auflage.

III Wolff „Aschenanalysen".

IV Albu und Neuberg „Physiologie und Pathologie des Mineralstoffwechsels".

V Dr. F. Filsinger in Dresden.

VI Carl Röse „Erdsalzarmut und Entartung" und

* eigene, bisher nicht veröffentlichte Analysen (167 Komplettierungsbestimmungen und 100 Vollanalysen).

4. Bei meinen eigenen Analysen bedeutet „Spuren" Mengen unter 0,05 mg in 100 g; bei anderen Analysen ist die Bezeichnung vollkommen schwebend und kann oft ebensogut einige Dezigramm wie einige Bruchteile vom Milligramm bedeuten.

5. Fast ausnahmslos sind von den Nahrungsmitteln die Mineralstoffe nur 1 mal, selten 2, 3 mal bestimmt worden. Alle Angaben sind deshalb nur als Annäherungswerte, aber nicht als vollgültige Mittelwerte zu betrachten.

6. Ein — gibt an, daß die Analyse fehlt.

Zusammensetzung der

Substanz	Organische Nährstoffe in g							Mineral-				
	Wasser	Eiweiß	Fett	Kohlen-hydrate	Rohfaser	Purin-körper	Reine Kalorien	K₂O	Na₂O	CaO	MgO	
Blut, Fleisch usw.												
1 Blut, Durchschnitt	80,8	17,7	0,2	0,03	0	—	87	0,0904	0,3509	0,0107	0,0062	1
2 Blut, Pferd	77,2	24,9	0,3	0,06	0	—	113	0,2110	0,2360	0,0060	0,0060	2
3 Blut, Rind	81,2	18,7	0,1	0,06	0	—	92	0,0650	0,4121	0,0097	0,0062	3
4 Blut, Kalb	—	—	—	—	—	—	—	0,0764	0,2798	0,0122	0,0083	4
5 Blut, Hammel	82,3	15,9	0,1	0,06	0	—	78	0,0557	0,3538	0,0089	0,0047	5
6 Blut, Ziege	80,4	17,7	0,05	0,07	0	—	86	0,0400	0,3580	0,0070	0,0040	6
7 Blut, Schwein	79,2	18,4	0,1	0,06	0	—	90	0,1893	0,2837	0,0144	0,0101	7
8 Blut, Kaninchen	81,7	15,8	0,07	0,10	0	—	77	0,2110	0,2790	0,0070	0,0060	8
9 Blut, Huhn	79,3	19,4	0,18	0,10	0	—	96	0,2008	0,3722	0,0118	0,0023	9
10 Fleisch, Rind, mittelfett	71,5	19,6	7,0	0	0	0,037	160	(0,8921)	0,0754	0,0166	0,0420	10
11 Fleisch, Rind, mager, ohne Sehnen ᵃ)¹)	73,6	22,0	9,3	0,0	0,0	—	193	0,5078	0,1048	0,0172	0,0292	11
12 Fleisch, Rind, Lenden, mittelfett ᵇ)	60,5	17,8	19,2	—	—	—	265	0,3330	0,0666	0,0115	0,0256	12
13 Fleisch, Rind, kurze Rippe, mittelfett, roh ²)ᶜ) 1,1791*	47,0	13,7	22,1	—	—	—	272	0,1342	0,0842	0,0178	0,0087	13

Außerdem enthielt	Gramm				
	(NH₄)₂O	Mn₃O₄	Al₂O₃	N₂O₅	
11 ᵃ) Fleisch, mager, ohne Sehnen	0,0227	0,0198	0,0005	0,1178	11
12 ᵇ) Lenden, mittelfett	0,0185	0,0056	0,0047	0,0076	12
13 ᶜ) Kurze Rippe, mittelfett, roh¹) 1,1791*	0,0267	0,0399	0,0001	0,0234	13

¹) Mittel von 2 Analysen. ²) Die Angaben beziehen sich auf den eßbaren Anteil, aber auf knochen-
indem die Angaben mit dem vorstehenden Faktor (1,1791* resp. 1,2418*) vervielfacht werden.

menschlichen Nahrungsmittel.

	bestandteile in Gramm				Mineralbestandteile in Milligrammäquivalenten											
	Fe_2O_3	P_2O_5	SO_3	Cl	K_2O	Na_2O	CaO	MgO	Fe_2O_3	Basen-summe	P_2O_5	SO_3	Cl	Säuren-summe	Gesamt-summe	
1	0,0752 (I)	0,0699 (I)	0,0195 (I)	0,2798 (I)	1,92	11,32	0,38	0,31	2,83	**16,76** (+)	2,95	0,49	7,89	*11,33* (−)	**+5,43**	1
2	0,0710 (I)	0,1125 (I)	0,0240 (I)	0,2585 (I)	4,48	7,61	0,21	0,30	2,67	**15,27**	4,75	0,60	7,29	*12,64*	**+2,63**	2
3	0,0861 (III)	0,0463 (III)	0,0267 (III)	0,2893 (III)	1,38	13,29	0,35	0,31	3,24	**18,57**	1,96	0,67	8,16	*10,79*	**+7,78**	3
4	0,0566 (III)	0,0535 (III)	(0,0090) (III)	0,2371 (III)	1,62	9,03	0,44	0,41	2,13	**13,63**	2,26	(0,23)	6,69	*9,18*	**+4,45**	4
5	0,0754 (III)	0,0430 (III)	0,0150 (III)	0,2814 (III)	1,18	11,41	0,32	0,23	2,83	**15,74**	1,82	0,38	7,94	*10,14*	**+5,60**	5
6	0,0550 (I)	0,0400 (I)	0,0210 (I)	0,2920 (I)	0,85	11,55	0,25	0,20	2,07	**14,92**	1,69	0,52	8,23	*10,44*	**+4,48**	6
7	0,0864 (III)	0,1163 (III)	0,0143 (III)	0,2561 (III)	4,02	9,15	0,51	0,50	3,25	**17,43**	4,91	0,36	7,22	*12,49*	**+4,94**	7
8	0,0620 (I)	0,0990 (I)	0,0225 (I)	0,2900 (I)	4,48	9,00	0,25	0,30	2,33	**16,36**	4,18	0,56	8,18	*12,92*	**+3,44**	8
9	0,0424 (III)	0,2904 (III)	0,0130 (III)	0,2631 (III)	4,26	12,01	0,42	0,11	1,59	**18,39**	12,26	0,32	7,42	*20,00*	**−1,61**	9
10	0,0150 (III)	0,6581 (III)	(0,0700) (III)	0,1102 (III)	18,94	2,43	0,59	2,08	0,56	**24,60**	27,80	(1,75)	3,11	*33,66*	**−(8,06)**	10
11	0,0070*	0,5496*	0,6258*	0,0403*	10,78	3,38	0,61	1,45	0,26	**16,47**	23,21	15,63	1,14	*39,98*	**−23,51**	11
12	0,0041*	0,6420*	0,8453*	0,0510*	7,07	2,15	0,41	1,27	0,15	**11,05**	27,11	21,11	1,44	*49,66*	**−38,61**	12
13	0,0020*	0,1733*	0,3526*	0,0369*	2,85	2,72	0,63	0,43	0,08	**6,71**	7,32	8,81	1,04	*17,17*	**−10,46**	13

	Milliäquivalente					totale	
	$(NH_4)_2O$	Mn_3O_4	Al_2O_3	N_2O_5	Basen-summe	Säuren-summe	Gesamt-summe
11	0,87	0,76	0,03	2,18	**20,31**	*39,98*	**−19,67**	11
12	0,71	0,21	0,26	0,14	**12,37**	*49,66*	**−37,29**	12
13	1,02	1,52	0,01	0,43	**9,69**	*17,17*	**−7,48**	13

und bindegewebehaltiges Fleisch berechnet. Der Gehalt des genießbaren Anteiles wird gefunden,

Blut, Fleisch usw.

Fische, frische, usw.

Fisch-konserven

Eier, Milch, Milch-präparate

Fette, Käse

Körner-früchte, Mehl, Teig-waren

Brot

Kartoffeln, Wurzel-gewächse

Gemüse

Hülsen-früchte

Obst, Früchte

Nüsse

Pilze

Extrakte, Nährmittel

Kraftmehle

Kindermehle

Genußmittel, Getränke

Substanz	Organische Nährstoffe in g							Mineral-			
	Wasser	Eiweiß	Fett	Kohlenhydrate	Rohfaser	Purinkörper	Reine Kalorien	K_2O	Na_2O	CaO	MgO
14 Fleisch, Rind, kurze Rippe, mittelfett, gekocht¹)ᵃ) 1,2418*	—	—	—	—	—	—	—	0,0613	0,0405	0,0177	0,0098	**14**
15 Suppe davon enthält, auf 100 g rohes Fleisch berechnet¹)ᵇ) 1,1791*	—	—	—	—	—	—	—	0,0864	0,0526	0,0040	0,0010	**15**
16 Fleisch, Kalb, mittelfett	71,0	19,5	7,6	0	0	0,038	120	0,3963	0,0917	0,0229	0,0167	**16**
17 Fleisch, Hirsch (Asche), Reh (org. Nährstoffe)	75,8	19,3	1,8	1,4	0	0,039	116	0,4050	0,0950	0,0130	0,0480	**17**
18 Fleisch, Hammel, mittelfett	55,3	16,4	25,7	0	0	0,026	318	0,4249	0,1317	0,0212	0,0305	**18**
19 Fleisch, Schwein, mittelfett	57,4	17,2	22,8	0	0	0,041	295	0,3931	0,0476	0,0789	0,0506	**19**
20 Fleisch, Schwein, Schinken, geräuchertᶜ)	28,1	24,1	34,6	—	—	—	439	0,6888	1,9586	0,0311	0,0334	**20**
21 Fleisch, Schwein, Speck, durchwachsen, gesalzenᵈ)	9,2	9,5	72,0	—	—	—	715	0,1827	0,7954	0,0093	0,0133	**21**
22 Fleisch, Pferd, mager	74,2	21,5	2,5	0,8	0	—	127	0,3940	0,0564	0,0180	0,0388	**22**
23 Fleisch, Kaninchen	66,9	20,9	9,3	0,7	0	—	190	0,4790	0,0670	0,0260	0,0480	**23**
24 Fleisch, Hund	76,4	—	—	—	—	—	—	0,3920	0,1270	0,0100	0,0390	**24**
25 Fleisch, Katze	75,1	—	—	—	—	—	—	0,4560	0,0970	0,0120	0,0470	**25**
26 Fleisch, Huhn, fett	70,1	18,0	8,9	1,2	0	0,029	1,74	0,5600	0,1280	0,0150	0,0610	**26**

Außerdem enthielt	Gramm				Milliäquivalente				totale		
	$(NH_4)_2O$	Mn_2O_3	Al_2O_3	N_2O_5	$(NH_4)_2O$	Mn_2O_3	Al_2O_3	N_2O_5	Basensumme	Säurensumme	Gesamtsumme
14 ᵃ) Kurze Rippe, mittelfett, gekocht¹) 1,2418*	0,0172	0,0460	Spur	0,0195	0,66	1,76	0,00	0,36	6,61	17,62	−11,01	**14**
15 ᵇ) Suppe auf kurze Rippen, mittelfett¹) 1,1791*	0,0133	0,0041	0,0001	0,0082	0,51	0,16	0,01	0,15	4,55	3,41	+1,14	**15**

¹) Die Angaben beziehen sich auf den eßbaren Anteil, aber auf knochen- und bindegewebehaltiges vorstehenden Faktor (1,1791* resp. 1,2418*) vervielfacht werden.

	bestandteile in Gramm				Mineralbestandteile in Milligrammäquivalenten											
	Fe_2O_5	P_2O_5	SO_3	Cl	K_2O	Na_2O	CaO	MgO	Fe_2O_3	Basen-summe	P_2O_5	SO_3	Cl	Säuren-summe	Gesamt-summe	
14	0,0026	0,1512	0,4192	0,0275	1,30	1,31	0,63	0,49	0,10	+3,83	6,39	10,47	0,76	−17,62	−13,79	14
15	0,0000	0,0554	0,0257	0,0154	1,83	1,70	0,14	0,05	0,00	3,72	2,34	0,64	0,43	3,41	+0,31	15
16	0,0031	0,5545	0,4238	0,0741	8,41	2,96	0,82	0,83	0,12	13,14	23,42	10,59	2,09	36,10	−22,96	16
17	0,0150	0,5690	0,5269	0,0400	8,60	3,06	0,46	2,38	0,56	15,06	24,03	13,16	1,13	38,39	−23,26	17
18	0,0296	0,5208	0,4708	0,1134	9,02	4,25	0,76	1,51	1,11	16,65	21,99	11,76	3,20	36,95	−20,30	18
19	(0,0037)	0,4653	0,2729	0,0480	8,35	1,54	2,81	2,51	0,14	15,35	19,65	6,82	1,35	27,82	−12,47	19
20	0,0004	0,3070	0,6565	2,0631	14,62	63,18	1,11	1,66	0,02	80,59	12,96	16,40	58,18	87,54	−6,95	20
21	0,0030	0,2147	0,3877	0,7727	3,88	25,66	0,33	0,66	0,11	30,64	9,07	9,68	21,79	40,54	−9,90	21
22	0,0100	0,4674	(0,0030)	(0,0089)	8,37	1,82	0,64	1,92	0,38	13,13	19,74	(0,07)	(0,25)	(20,06)	−(6,93)	22
23	0,0080	0,5790	0,4969	0,0510	10,17	2,16	0,93	2,38	0,30	15,94	24,45	12,41	1,44	38,30	−22,36	23
24	0,0060	0,5128	0,5668	0,0810	8,32	4,10	0,36	1,93	0,23	14,94	21,66	14,16	2,28	38,10	−23,16	24
25	0,0130	0,4610	0.5469	0,0570	9,68	3,10	0,43	2,33	0,49	16,04	19,47	13,66	1,61	34,74	−18,70	25
26	0,0130	0,5800	0.7291	0.0600	11,89	4,13	0,53	3,03	0,49	20,07	24,49	18,21	1,69	44,39	−24,32	26

	Außerdem enthielt	Gramm				Milliäquivalente				totale			
		(NH_4O)	Mn_2O_3	Al_2O_3	N_2O_5	(NH_4O)	Mn_2O_3	Al_2O_3	N_2O_5	Basen-säure	Säuren-summe	Gesamt-summe	
20	⁰) Schinken, geräuchert	0,0524	0,0002	0,0009	0,0699	2,01	0,01	0,05	1,29	83,95	87,54	−3,59	20
21	⁴) Speck, durchwachsen, gesalzen	0,0180	0,0131	0.0010	0,0042	0,69	0,50	0,06	0,08	31,97	40,54	−8,57	21

Fleisch berechnet. Der Gehalt des genießbaren Anteiles wird gefunden, indem die Angaben mit dem

	Substanz	Organische Nährstoffe in g						Reine Kalorien	Mineral-				
		Wasser	Eiweiß	Fett	Kohlenhydrate	Rohfaser	Purinkörper		K_2O	Na_2O	CaO	MgO	
27	Fleisch, Frosch	81,6	24,2	0,9	2,9	0	—	130	0,3710	0,0740	0,0270	0,0390	27
28	Ochsenzunge, frisch	65,6	15,3	16,8	0,05	0	0,055	230	0,5609	0,0585	0,0283	0,0170	28
29	Kalbsleber, frisch	71,6	17,7	3,4	3,3	0	0,093	130	0,2466	0,1061	0,0449	0,0758	29
	Fische, frische, usw.												
30	Aal, Fleisch	58,2	11,9	25,5	0	0	—	290	(0,0013)	(0,0660)	0,3190	0,0707	30
31	Hecht, Fleisch	79,6	17,9	0,5	0	0	0,048	391	0,2991	0,2432	0,0923	0,0476	31
32	Lachs, Fleisch	64,0	20,5	12,3	0	0	0,024	214	0,3148	0,1762	0,1109	0,1224	32
33	Schellfisch, Fleisch	81,5	16,4	0,2	—	0	0,039	82	0,4030	0,1330	0,0310	0,0440	33
34	Karpfen, roh[1]) 1,2138*[a])	60,5	13,3	6,5	0	0	0,044	125	0,2595	0,0534	0,0476	0,0253	34
35	Karpfen, gekocht[1]) 1,2482*[b])	—	—	—	—	—	—	—	0,2593	0,0471	0,0514	0,0250	35
36	Suppe aus 100 g rohem Karpfen[1]) 1,2138*[c])	—	—	—	—	—	—	—	0,0298	0,0117	0,0020	0,0032	36
37	Zander, roh[1]) 1,1863*[d])	—	—	—	—	—	0,038	—	0,2409	0,0921	0,0301	0,0253	37
38	Zander, gekocht[1]) 1,2542*[e])	—	—	—	—	—	—	—	0,2248	0,0812	0,0375	0,0286	38
39	Suppe aus 100 g rohem Zander[1]) 1,1863*[f])	—	—	—	—	—	—	—	0,0667	0,0284	0,0011	0,0031	39

	Außerdem enthielt	Gramm				Milliäquivalente				totale			
		$(NH_4)_2O$	Mn_3O_4	Al_2O_3	N_2O_5	$(NH_4)_2O$	Mn_3O_4	Al_2O_3	N_2O_5	Basensumme	Säurensumme	Gesamtsumme	
34	[a]) Karpfen, roh[1]) 1,2138*	0,0267	0,0545	0,0031	0,0128	1,02	2,08	0,18	0,24	13,76	27,50	—13,74	34
35	[b]) Karpfen, gekocht[1]) 1,2482*	0,0152	0,0423	0,0035	0,0109	0,58	1,62	0,21	0,20	12,74	29,65	—16,91	35
36	[c]) Suppe aus 100 g rohem Karpfen[1]) 1,2138*	0,0133	0,0171	0,0000	0,0032	0,51	0,65	0,00	0,06	2,50	1,23	+1,27	36

[1]) Auf ausgenommenen, grätehaltigen Fisch berechnet. Der Gehalt des genießbaren Anteiles wird

	bestandteile in Gramm				Mineralbestandteile in Milligrammäquivalenten											
	Fe₂O₃	P₂O₅	SO₃	Cl	K₂O	Na₂O	CaO	MgO	Fe₂O₃	Basen-summe	P₂O₅	SO₃	Cl	Säuren-summe	Gesamt-summe	
7	0,0090	0,4260	0,4070	0,0400	7,88	2,39	0,96	1,93	0,34	+13,50	17,99	10,17	1,13	−29,29	−15,79	27
8	0,0040	0,6069	(0,0170)	(0,0125)	11,91	1,89	1,01	0,84	0,15	15,80	25,62	(0,43)	(0,35)	(26,40)	−(10,60)	28
9	0,0299	0,6406	(0,0112)	0,0885	5,24	3,42	1,60	3,76	1,13	15,15	27,05	0,28	2,50	29,83	−14,68	29
0	0,0173	0,3005	0,4791	(0,0012)	(0,03)	(2,13)	11,37	3,51	0,65	(17,69)	12,69	11,97	(0,03)	(24,69)	−(7,00)	30
1	Spur	0,4772	(0,0313)	0,0593	6,35	7,85	3,29	2,36	Spur	19,85	20,15	(0,78)	1,67	(22,60)	−(2,75)	31
2	0,0150	0,2621	0,4966	0,2766	6,68	5,68	3,95	6,07	0,56	22,94	11,07	12,40	7,80	31,27	−8,33	32
3	0,0080	0,3730	0,5368	0,2410	8,56	4,29	1,11	2,18	0,30	16,44	15,75	13,41	6,80	35,96	−19,52	33
4	0,0017	0,2202	0,6524	0,0674	5,51	1,72	1,70	1,25	0,06	10,24	9,30	16,30	1,90	27,50	−17,26	34
5	0,0008	0,2465	0,6967	0,0651	5,51	1,52	1,83	1,24	0,03	10,13	10,41	17,40	1,84	29,65	−19,52	35
6	0,0010	0,0019	0,0354	0,0097	0,63	0,38	0,07	0,16	0,04	1,28	0,08	0,88	0,27	1,23	+0,05	36
7	0,0015	0,3604	0,6082	0,0411	5,11	2,97	1,07	1,25	0,06	10,46	15,22	15,19	1,16	31,57	−21,11	37
8	0,0016	0,3631	0,6796	0,0384	4,77	2,62	1,34	1,42	0,06	10,21	15,33	16,98	1,08	33,39	−23,18	38
9	0,0003	0,0790	0,0816	0,0114	1,42	0,92	0,04	0,15	0,01	2,54	3,34	2,04	0,32	5,70	−3,16	39

Außerdem enthielt	Gramm				Milliäquivalente				totale			
	(NH₄)₂O	Mn₂O₃	Al₂O₃	N₂O₅	(NH₄)₂O	Mn₂O₃	Al₂O₃	N₂O₅	Basen-summe	Säuren-summe	Gesamt-summe	
d) Zander, roh[1] 1,1863*	0,0446	0,0472	0,0029	0,0253	1,71	1,79	0,17	0,47	14,60	31,57	−16,97	37
e) Zander, gekocht[1] 1,2542*	0,0417	0,0605	0,0037	0,0243	1,60	2,30	0,22	0,45	14,78	33,39	−18,61	38
f) Suppe aus 100 g rohem Zander[1] 1,1863*	0,0122	0,0003	0,0001	0,0065	0,47	0,01	0,01	0,12	3,15	5,70	−2,55	39

erhalten durch Multiplikation mit dem nebenstehenden Faktor (1,2188, 1,2482 usw.).

Berg, Nahrungs- und Genußmittel.　　　　　　2

	Substanz	Organische Nährstoffe in g							Mineral-				
		Wasser	Eiweiß	Fett	Kohlenhydrate	Rohfaser	Purinkörper	Reine Kalorien	K_2O	Na_2O	CaO	MgO	
40	Rotzunge, roh[1]) 1,2214 * ᵃ)	67,7	11,7	0,4	0	0	—	60	0,2912	0,1480	0,0446	0,0269	40
41	Rotzunge, gekocht[1]) 1,3006 * ᵇ)	67,9	5.8	0,3	0	0	—	31	0,1804	0,0934	0,0481	0,0239	41
42	Suppe aus 100 g roher Rotzunge[1]) 1,2214 *ᶜ)	—	—	—	—	—	—	—	0,1497	0,0747	0,0068	0,0082	42
43	Schleie, roh[1]) 1,2369 * ᵈ)	64.7	13,7	0,3	0	0	0,022	69	0,2651	0,0966	0,0386	0,0258	43
44	Schleie, gekocht[1]) 1,3262 *ᵉ)	—	—	—	—	—	—	—	0,2051	0,0575	0,0403	0,0298	44
45	Suppe aus 100 g roher Schleie[1]) 1,2369 *ᶠ)	—	—	—	—	—	—	—	0,0946	0,0488	0,0051	0,0011	45
46	Austern, Fleisch und Flüssigkeit	87,4	5,8	1,1	3.5	0	0,029	52	0.0912	0,6450	0,3872	0,0691	46
	Fischkonserven.												
47	Anjovis, gesalzen, Fleisch	57,8	27,6	7,3	0	0	0,145	201	0,1831	3.2747	0,3563	0,2087	47
48	Hering, gesalzen, Fleisch	46.2	18,3	15.4	1,5	0	0,069	238	0,2261	16.1130	0,1563	0,0649	48
49	Kaviar, gesalzen	47,9	28,5	13,3	1,3	0	0	266	0,5081	1,1772	0,1925	0,0357	49
	Eier, Milch, Milchpräparate.												
50	Hühnereiweiß ᵍ)	86,3	12,3	0,2	0,7	0,0	0,0	65	0,1968	0,2344	0.0403	0,0203	50
51	Hühnereigelb ᵇ) [2])	50,9	15,5	29,5	0.3	0,0	0,0	351	0,1639	0,1363	0,1909	0,0239	51

	Außerdem enthielt	Gramm				Milliäquivalente							
												totale	
		$(NH_4)_2O$	Mn_2O_3	Al_2O_3	N_2O_5	$(NH_4)_2O$	Mn_2O_3	Al_2O_3	N_2O_5	Basensumme	Säuresumme	Gesamtsumme	
40	ᵃ) Rotzunge, roh[1]) 1,2214*	0,0257	0,0237	0,0000	0,1005	0,99	0,90	0,00	1,86	17,67	26,61	— 8,94	40
41	ᵇ) Rotzunge, gekocht[1]) 1,3006*	0,0161	0,0288	0,0000	0,0444	0,62	1,09	0,00	0,82	12,33	24,28	— 11,95	41
42	ᶜ) Suppe aus 100 g roher Rotzunge[1]) 1,2214*	0,0131	0,0015	0,0000	0,0656	0,50	0,06	0,00	1,21	8,02	6,49	+ 1,53	42
43	ᵈ) Schleie, roh[1]) 1,2369*	0,0237	0,1039	0.0015	0,0866	0,91	3,95	0,09	1,60	18,00	25,29	— 7,29	43

[1]) Auf ausgenommenen, grätehaltigen Fisch berechnet. Der Gehalt des genießbaren Anteiles wird enthalten: 8,2161 g „freies" und „gebundenes" Lecithin mit 0,7527 g P_2O_5 und 1,2837 g Cholin = + 10,60 m. äqu.:

bestandteile in Gramm				Mineralbestandteile in Milligrammäquivalenten											
Fe_2O_3	P_2O_5	SO_3	Cl	K_2O	Na_2O	CaO	MgO	Fe_2O_3	Basen-summe	P_2O_5	SO_3	Cl	Sauren-summe	Gesamt-summe	
40 0,0012	0,2876	0,4370	0,1254	6,18	4,77	1,59	1,33	0,05	+13,92	12,15	10,92	3,54	−26,61	−12,69	40
41 0,0013	0,2192	0,5302	0,0630	3,83	3,01	1,72	1,19	0,05	9,80	9,26	13,24	1,78	24,28	−14,48	41
42 0,0002	0,1157	0,0203	0.0387	3,18	2,41	0,24	0.41	0,01	6,25	4,89	0.51	1,09	6,49	−0,24	42
43 0,0011	0,3288	0,4091	0,0417	5,63	3,12	1.38	1,28	0,04	11,45	13,89	10,22	1,18	25,29	−13,84	43
44 0,0008	0,3077	0,4052	0,0160	4,35	1,85	1,44	1,48	0,03	9,15	12,99	10.12	0,45	23,56	−14,41	44
45 0.0004	0,0731	0,0724	0,0284	2,01	1,57	0,18	0,05	0,02	3,83	3,09	1,81	0,80	5,70	−1,87	45
46 IV 0,0081	IV 0,4366	IV (0,0153)	IV 0,3977	1,94	20,81	13,81	3,43	0,30	40,29	18,44	(0,38)	11,22	(30,04)	+(10,25)	46
47 Spur	1,5285	0,0803	2,8127	3.89	105,64	12,70	10,35	Spur	132,58	64,55	2,01	79,32	145,88	−13,30	47
48 0,0282	0,7797	0,5647	17,8983	4,80	519,78	5,57	3,22	1,06	534,43	32.93	14,10	504,75	551,78	−17,35	48
49 IV 0,0084	IV 0,4046	IV 0,0376	IV 1,8192	10,79	37,97	6,86	1,77	0,32	57,71	17,09	0,94	51,30	69,32	−11,61	49
50 0,0003	0,0511	0,6922	0.1070	4,18	7,56	1,44	1,01	0,01	14,20	2,16	17,29	3,02	22,47	−8,27	50
51 0,0054	1,3005	0,4390	0.0717	3,48	4,40	6,81	1,19	0,20	16,08	54,92	10,97	2,02	67,91	−51,83	51

Außerdem enthielt	Gramm				Milliäquivalente				totale			
	$(NH_4)_2O$	Mn_3O_4	Al_2O_3	N_2O_5	$(NH_4)_2O$	Mn_3O_4	Al_2O_3	N_2O_5	Basen-summe	Sauren-summe	Gesamt-summe	
3 ') Schleie, gekocht[1]) 1.3262*	0,0122	0,1213	0,0002	0,0476	0,47	4,61	0,01	0,88	15,12	23,56	−8,44	43
4 ') Suppe aus 100 g roher Schleie[1]) 1.2369*	0,0135	0,0032	0,0013	0,0470	0,52	0,12	0,08	0,87	5,42	5,70	−0,28	44
5 ⁵) Hühnereiweiß	0,0182	0,0105	Spur	0,0355	0,70	0,40	Spur	0,66	15,96	22,47	−6,51	45
0 ⁶) Hühnereigelb[2])	0,0349	0,0300	0,0003	0,0296	1,34	1,14	0,02	0,55	19,13	67,91	−48,78	50

erhalten durch Multiplikation mit dem nebenstehenden Faktor (1,2214, 1,3006 usw.)   [2]) 100 g Eigelb
dadurch erniedrigt sich die totale Gesamtsumme auf —38,18.

2*

Substanz	Organische Nährstoffe in g							Mineral-				
	Wasser	Eiweiß	Fett	Kohlen-hydrate	Rohfaser	Purin-körper	Reine Kalorien	K₂O	Na₂O	CaO	MgO	
52 100 g Hühnerei, ohne Schale ᵃ) ¹)	I 73,7	I 12,2	I 11,4	I 0,7	I 0	II 0	I 168	0,1845	0,1979	0,0963	0,0216	**52**
53 Ein Hühnerei, ohne Schale ᵇ) ²)	II 36,1	II 6,1	II 5,6	II 0,3	II 0	II 0	II 75	0,0740	0,0794	0,0386	0,0087	**53**
54 Frauenmilch	I 87,6	I 1,9	I 3,6	I 6,3	I 0	—	I 68	0,1013	0,0275	0,1024 ³)	0,0065	**54**
55 Stutenmilch	I 90,6	I 1,9	I 1,1	I 5,8	I 0	—	I 42	0,0905	0,0122	0,1083	0,0109	**55**
56 Kamelmilch	I 87,1	I 3,6	I 2,7	I 5,3	I 0	—	I 32	0,1374	0,0262	0,1999	0,0353	**56**
57 Schafmilch	I 83,6	I 4,8	I 5,9	I 4,1	I 0	—	I 46	0,2258	0,0414	0,2894	0,0134	**57**
58 Ziegenmilch ᶜ)	I 86,9	I 3,5	I 3,9	I 4,6	I 0	—	I 71	0,1752	0,1071	0,1790	0,0212	**58**
59 Büffelmilch	I 82,2	I 4,4	I 7,1	I 4,7	I 0	—	I 107	0,1189	0,0514	0,2837	0,0272	**59**
60 Kuhmilch ᵈ)	I 87,3	I 3,2	I 3,5	I 4,8	I 0	—	I 67	0,1902	0,0610	0,1754	0,0162	**60**
61 Magermilch (Satten-Verfahren)	I 90,3	I 3,2	I 0,8	I 4,9	I 0	—	I 41	0,2368	0,0746	0,1589	0,0227	**61**
62 Buttermilch	I 90,1	I 3,6	I 1,0	I 3,8	I 0	—	I 42	0,1824	0,0858	0,1467	0,0265	**62**
63 Molken	I 93,6	I 0,8	I 0,2	I 4,6	I 0	—	I 24	0,1354	0,0605	0,0847	0,0016	**63**
64 Sahne (Rahm, Obers)	I 67,6	I 3,8	I 22,6	I 3,8	I 0	—	I 244	0,1521	0,0465	0,1255	0,0178	**64**
65 Kolostrum, Kuh-, Biestmilch	I 75,1	I 16,1	I 3,8	I 2,2	I 0	—	I 106	0,1106	0,0875	0,5332	0,0315	**65**

Außerdem enthielt	Gramm			
	(NH₄)₂O	Mn₃O₄	Al₂O₃	N₂O₅
52 ᵃ) 100 g Hühnerei, ohne Schale ¹)	0,0244	0,0177	0,0001	0,0333	**52**
53 ᵇ) Ein Hühnerei, ohne Schale ²)	0,0098	0,0071	Spur	0,0134	**53**
58 ᶜ) Ziegenmilch	0,0052	0,0405	0,0001	0,0000	**58**
60 ᵈ) Kuhmilch	0,0000	0,0660	0,0001	0,0000	**60**

¹) 100 g Hühnerei enthalten 0,4770 g Cholin = +3,69, also totale Gesamtsumme = —18,54. ²) Hühnerei: Cholin = +1,58 m.-äqu., also totale Gesamtsumme = —7,33. ³) Ramacci (La Pediatria, 1911, 18, 665)

	bestandteile in Gramm			Mineralbestandteile in Milligrammäquivalenten											
	Fe₂O₃	P₂O₅	SO₃	Cl	K₂O	Na₂O	CaO	MgO	Fe₂O₃	Basensumme	P₂O₅	SO₃	Cl	Säurensumme	Gesamtsumme
52	0,0022*	0,5153*	0,5981	0,0939*	3,92	6,38	3,43	1,07	0,08	+14,88	21,76	14,94	2,65	*39,35*	−24,47	52
53	0,0005*	0,2066*	0,2398	0,0377*	1,57	2,56	1,38	0,43	0,03	5,97	8,73	5,99	1,06	*15,78*	−9,81	53
54	0,0009 I	0,0731 I	(0,0057) I	0,0552 I	2,15	0,89	3,65	0,32	0,03	7,04	3,09	(0,14)	1,56	*4,79*	+2,25	54
55	0,0113 I	0,1147 I	(0,0108) I	0,0270 I	1,92	0,39	3,86	0,54	0,42	7,13	4,84	(0,27)	0,76	*5,87*	+1,26	55
56	0,0015 I	0,2238 I	(0,0269) I	0,1046 I	(2,92)	0,85	7,13	1,75	0,06	(12,71)	9,45	(0,67)	2,95	*(13,07)*	(−0,36)	56
57	0,0096 I	0,2811 I	(0,0134) I	0,0710 I	4,79	1,34	10,32	0,66	0,36	17,47	11,87	(0,33)	2,00	*14,20*	+3,27	57
58	0,0011 I	0,2369*	0,0916*	0,0136 I	2,39	3,45	6,38	1,05	0,04	13,31	10,00	2,28	0,38	*12,66*	+0,65	58
59	0,0015 I	0,2859 I	(0,0246) I	0,0621 I	2,52	1,66	10,12	1,35	0,06	15,71	12,07	(0,61)	1,75	*14,43*	+1,28	59
60	0,0005*	0,1677*	0,0990*	0,0651*	4,04	1,97	6,25	0,80	0,02	13,08	7,08	2,47	1,84	*11,39*	+1,69	60
61	0,0067 I	0,1413 I	0,0245 I	0,1072 I	5,03	2,41	5,67	1,13	0,25	14,49	5,97	0,61	3,02	*9,60*	+4,89	61
62	0,0166 I	0,2222 I	0,0133 I	0,0987 I	3,87	2,77	5,23	1,31	0,62	13,80	9,38	0,33	2,78	*12,49*	+1,31	62
63	0,0024 I	0,0750 I	0,0120 I	0,0667 I	2,87	1,95	3,02	0,08	0,09	8,01	3,17	0,30	1,88	*5,35*	+2,66	63
64	0,0156 I	0,1165 I	(0,0141) I	0,0798 I	3,23	1,50	4,47	0,88	0,59	10,67	4,92	(0,35)	2,25	*(7,52)*	(+3,15)	64
65	0,0080 I	0,6339 I	(0,0025) I	0,1721 I	2,35	2,82	19,01	1,56	0,30	26,04	26,77	0,06	4,85	*31,68*	−5,64	65

	Milliäquivalente			totale		
	(NH₄)₂O	Mn₃O₄	Al₂O₃	N₂O₅	Basensumme	Säurensumme	Gesamtsumme
52	0,94	0,67	0,01	0,62	17,12	*39,35*	−22,23	52
53	0,38	0,27	Spur	0,25	6,87	*15,78*	−8,91	53
58	0,20	1,54	0,01	0,00	15,06	*12,66*	+2,40	58
60	0,00	2,51	−0,01	0,00	15,60	*11,39*	+4,21	60

Durchschnittsgewicht: 46,3 g, davon 6,2 g Schale, 25,2 g Eiweiß, 14,9 Eigelb. Ein Ei enthält 0,1913 g. Mittel aus 68 Analysen.

	Substanz	Organische Nährstoffe in g						Reine Kalorien	Mineral-				
		Wasser	Eiweiß	Fett	Kohlen-hydrate	Rohfaser	Purin-körper		K₂O	Na₂O	CaO	MgO	
66	Skyr (isländische Dickmilch m. Salz)	81,1	11,1	3,3	2,9	0,0	—	82	0,2685	0,2911	(0,2283)	0,0381	66
67	Lahmanns, Vegetabile Milch	24,1	8,1	25,2	34,8	0,0	—	412	0,2588	0,0672	0,4736	0,0046	67
68	Quark, Matte	52,4	34,8	5,4	0,9	0,0	—	222	0,2131	0,0414	0,0875	0,0054	68
	Fette, Käse.												
69	Butter, Kuh-ᵃ)¹)	14,6	0,9	81,2	0,5	0,0	—	762	0,0620	0,4239	0,0315	0,0066	69
70	Margarine	9,1	0,5	84,5	0,4	0,0	—	790	0,0584	(0,6114)	Spur	—	70
71	Schweineschmalz ᵇ)	0,7	0,2	95,1	0	0,0	—	885	0,0018	0,0125	0,0009	0,0003	71
72	Palmin ᶜ)	0,1	0,0	94,9	0	0,0	—	883	0,0054	0,0057	0,0046	0,0003	72
73	Handkäse	55,0	35,5	5,1	0	0,0	—	219	0,2952	2,7843	0,1552	0,0181	73
74	Meiereikäse (Magerkäse)	43,1	33,8	11,1	4,1	0,0	—	283	0,6206	(0,0655)	1,6581	0,1114	74
75	Parmesankäse	31,8	38,6	17,4	2,0	0,0	—	356	0,1717	0,9215	2,1839	0,0761	75
76	Schweizerkäse	34,4	28,0	26,9	1,5	0,0	0,0	419	0,2792	3,7467	2,0179	0,0919	76
	Körnerfrüchte, Mehl, Teigwaren.												
77	Weizen, geschält	13,4	9,1	1,0	51,3	2,3	—	259	0,5289	0,0521	0,0553	0,2047	77
78	Weizenmehl, gröberes	12,6	8,8	0,9	68,7	0,9	—	325	0,2237	0,0034	0,0033	0,00343	78
79	Weizengries	13,0	7,1	0,2	72,1	0,6	0,0	324	0,1671	0,1035	0,0571	0,0738	79

	Außerdem enthielt	Gramm			
		(NH₄)₂O	Mn₂O₃	Al₂O₃	N₂O₅
69	ᵃ) Butter	0,0000	0,0084	0,0003	0,0000	69
71	ᵇ) Schweineschmalz	0,0042	0,0075	0,0002	0,0000	71
72	ᶜ) Palmin	0,0074	0,0015	0,0002	0,0137	72

¹) Mittel von 3 Analysen.

	bestandteile in Gramm			Mineralbestandteile in Milligrammäquivalenten											
	Fe_2O_3	P_2O_5	SO_3	Cl	K_2O	Na_2O	CaO	MgO	Fe_2O_3	Basensumme	P_2O_5	SO_3	Cl	Säurensumme	Gesamtsumme
66	I 0,0024	I 0,5277	I 0,1188	I 0,3306	5,70	9,39	8,14	1,89	0,09	+25,21	22,29	2,97	9,32	34,58	—9,37	66
67	V 0,0132	V 0,4217	V 0,0721	V 0,0230	5,49	2,17	16,89	0,23	0,50	25,28	17,81	1,80	0,65	20,26	+5,02	67
68	0,0949	0,4410	0,2889	0,1516	4,52	1,34	3,12	0,27	3,57	12,82	18,62	7,22	4,28	30,12	—17,30	68
69	0,0020	0,0480	0,2441	0,4200	1,30	12,81	1,12	0,33	0,08	15,64	2,03	6,10	11,84	19,97	—4,33	69
70	—	0,0382	—	0,9454	1,24	19,72	Spur	—	—	20,96	1,61	—	26,66	28,27	—7,31	70
71	0,0055	0,0076	0,1920	0,0000	0,04	0,40	0,03	0,01	0,21	0,69	0,32	4,80	0,00	5,12	—4,43	71
72	III 0,0014	III 0,0021	0,4952	III (0,0001)	0,11	0,18	0,16	0,01	0,05	0,51	0,09	12,37	(0,01	12,47	—11,96	72
73	0,0067	0,8327	0,4761	0,2677	6,27	89,82	5,53	0,90	0,25	102,77	35,16	11,89	75,51	122,56	—19,79	73
74	I 0,0374	I 1,7957	I (0,0080)	I 0,3482	13,18	(2,11)	59,12	5,53	1,41	(81,35)	75,83	(0,20)	9,82	(85,85)	(—4,50)	74
75	I 0,0138	I 2,2713	I (0,0591)	I 0,7190	3,65	29,73	77,87	3,77	0,52	115,54	95,92	(1,48)	20,28	(117,68)	(—2,14)	75
76	III 0,0193	III 2,3211	0,6372	III 3,8148	5,93	120,86	71,95	4,56	0,73	204,03	98,02	15,92	107,58	221,52	—17,49	76
77	I 0,0217	I 0,8015	I (0,0066)	I (0,0054)	11,23	1,68	1,97	10,15	0,82	25,85	33,85	(0,17)	(0,15)	(34,17)	(—8,32)	77
78	I 0,0027	I 0,2206	0,0025	0,0021	4,75	0,11	0,12	1,70	0,10	6,78	9,32	0,06	0,06	9,44	—2,66	78
79	0,0209	IV 0,2386	0,4745	0,0582	3,55	3,34	2,04	3,66	0,79	13,38	10,08	11,85	1,64	23,57	—10,19	79

	Milliäquivalente				totale			
	$(NH_4)O$	Mn_2O_3	Al_2O_3	N_2O_5	Basensumme	Säurensumme	Gesamtsumme	
69	0,00	0,32	0,02	0,00	15,98	19,97	—3,99	69
71	0,16	0,29	0,01	0,00	1,15	5,12	—3,97	71
72	0,28	0,06	0,01	0,25	1,11	12,47	—11,36	72

Fette, Käse

Körnerfrüchte, Mehl, Teigwaren

Brot

Kartoffeln, Wurzelgewächse

Gemüse

Hülsenfrüchte

Obst, Früchte

Nüsse

Pilze

Extrakte, Nährmittel

Kraftmehle

Kindermehle

Genußmittel, Getränke

Register

Substanz	Organische Nährstoffe in g Wasser	Eiweiß	Fett	Kohlen-hydrate	Rohfaser	Purin-körper	Reine Kalorien	Mineral- K₂O	Na₂O	CaO	MgO	
80 Weizenstärke ª)	6,8*	0,6*	0,0	87,4*	0,2*	0*	353*	0,0139*	0,0105*	0,0213*	0,0294*	80
81 Graupen	II 12,8	II 7,2	II 1,1	II 76,2	—	II 0	II 353	IV 0,1158	IV 0,1451	0,0300*	0,0497*	81
82 Gerste, geschält	I 6,3	I 7,7	I 1,6	I 69,3	I 1,6	—	I 329	III 0,4563	III 0,0573	III 0,0589	III 0,1952	82
83 Gerstegriesmehl	I 14,1	I 8,6	I 1,5	I 64,3	I 0,9	—	I 312	III 0,5839	III 0,0515	III 0,0568	III 0,2740	83
84 Hafer, geschält	I 12,8	I 8,6	I 4,5	I 58,7	I 1,4	—	I 318	III 0,4485	III 0,0613	III 0,1021	III 0,1933	84
85 Hafergriesmehl, -grütze	I 9,7	I 9,4	I 3,6	I 64,0	I 1,8	—	I 335	I 0,3914	I 0,0709	I 0,1224	I 0,1280	85
86 Haferflocken, Oats	I 9,8	I 10,5	I 4,1	I 63,1	I 1,0	II 0	I 341	IV 0,4153	IV 0,0810	0,0996*	IV 0,1332	86
87 Spelz, Grünkern, Suppengries	I 9,5	I 7,3	I 2,0	I 69,6	I 1,8	—	I 332	III 0,5777	III 0,0368	III 0,0970	III 0,2400	87
88 Gerstemalzkeime	I 12,0	I 12,2	I 1,2	I 41,3	I 12,3	—	235*	I 1,9928	I 0,1145	I 0,1843	I 0,1785	88
89 Roggen	I 13,4	I 8,4	I 1,0	I 66,6	I 2,2	—	I 316	I 0,5810	(0,0266)	I 0,0532	I 0,2031	89
90 Roggenmehl	I 12,6	I 6,7	I 0,9	I 69,8	I 1,4	—	I 320	I 0,6611	(0,0301)	I 0,0176	I 0,1376	90
91 Reis, ungeschält (roter Reis)	I 12,6	I 4,6	I 1,2	I 71,1	I 4,0	—	318*	0,6749*	0,2132*	I 0,1542	I 0,4147	91
92 Reis, halbgeschält (mit Silberhäutchen) ᵇ)	12,5*	4,7*	1,8*	66,5*	6,5*	—	331*	0,2813	0,0969	0,1238	0,1446	92
93 Reis, geschält (polierter Reis), Kochreis	I 12,6	I 5,9	I 0,3	I 74,7	I 0,5	II 0	I 330	III 0,0746	III 0,0189	III 0,0111	III 0,0384	93
94 Reismehl, feinstes	I 12,3	I 5,9	I 0,5	I 76,2	I 0,1	—	I 338	I 0,0743	I 0,0188	I 0,0111	I 0,0383	94
95 Reisstärke ᶜ)	5,7*	0,1*	0,0	88,6*	0,1*	0*	355*	0,0729*	0,0115*	0,0244*	0,0332*	95

Außerdem enthielt	Gramm ($(NH_4)_2O$)	Mn_2O_3	Al_2O_3	N_2O_5	
80 ª) Weizenstärke	0,0108*	0,0159	0,0001	0,0038	80
92 ᵇ) Reis, halbgeschält	0,0237*	0,0057	0,0019*	0,0686*	92
95 ᶜ) Reisstärke	0,0034	0,0196*	0,0003*	0,0067*	95

	bestandteile in Gramm			Mineralbestandteile in Milligrammäquivalenten											
	Fe₂O₃	P₂O₅	SO₃	Cl	K₂O	Na₂O	CaO	MgO	Fe₂O₃	Basen-summe	P₂O₅	SO₃	Cl	Säuren-summe	Gesamt-summe
80	0,0019	0,1002	0,2525	0,0145	0,30	0,34	0,76	1,46	0,07	+2,93	4,23	6,31	0,41	10,95	−8,02	80
81	0,0355	0,3676 (IV)	0,2945	0,1032	2,46	4,68	1,07	2,47	1,33	12,01	15,52	7,36	2,91	25,79	−13,78	81
82	0,0220 (III)	0,7854 (III)	(0,0383) (III)	(0,0211) (III)	9,69	1,85	2,10	9,68	0,83	24,15	33,17	(0,96)	0,60	(34,73)	−(10,58)	82
83	0,0406 (III)	0,9597 (III)	(0,0629) (III)	0,3528	12,40	1,66	2,03	13,59	1,53	31,21	40,53	(1,57)	9,95	(52,05)	−(20,84)	83
84	0,0183 (III)	0,6303 (III)	(0,0372) (III)	(0,0159) (III)	9,52	1,98	3,64	9,59	0,69	25,42	26,62	(0,93)	(0,45)	(28,00)	−(2,58)	84
85	0,0140 (I)	0,7951 (I)	(0,0112) (I)	0,0879 (I)	8,31	2,29	4,36	6,35	0,53	21,84	33,58	(0,28)	2,48	(36,34)	−(14,50)	85
86	0,0445 (IV)	0,4617 (IV)	0,4113	0,1232	8,82	2,61	3,55	6,61	1,67	23,26	19,50	10,27	3,47	33,24	−9,98	86
87	0,0594 (III)	0,7672 (III)	0,1068 (III)	(0,0238) (III)	12,27	1,19	3,46	11,90	2,23	31,05	32,40	2,67	0,67	35,74	−4,69	87
88	0,1009 (I)	1,7438 (I)	(0,0261) (I)	0,4489 (I)	42,31	3,69	6,57	8,85	3,79	65,21	73,64	(0,65)	12,66	86,95	−21,74	88
89	0,0224 (I)	0,8641 (I)	(0,0232) (I)	(0,0087) (I)	12,34	(0,86)	1,90	10,07	0,84	26,01	36,49	(0,58)	(0,25)	(37,32)	−(11,31)	89
90	0,0437 (I)	0,8309 (I)	0,1387	0,0727 (I)	14,04	(0,97)	0,63	6,83	1,64	24,11	35,09	3,46	2,05	40,60	−16,49	90
91	0,0709 (I)	1,5664 (I)	(0,0331) (I)	0,0331 (I)	14,33	6,88	5,50	20,57	2,66	49,94	66,14	(0,83)	0,93	(67,90)	−(17,96)	91
92	0,0118	0,8437	1,0842	0,0018	5,97	3,13	4,41	7,17	0,44	21,12	35,63	27,08	0,05	62,76	−41,64	92
93	0,0042 (III)	0,1842 (III)	(0,0021) (III)	(0,0003) (III)	1,58	0,61	0,40	1,91	0,16	4,66	7,78	(0,05)	(0,01)	(7,84)	−(3,18)	93
94	0,0042 (I)	0,1836 (I)	(0,0021) (I)	(0,0003) (I)	1,58	0,61	0,40	1,90	0,16	4,65	7,75	(0,05)	(0,01)	(7,81)	−(3,16)	94
95	0,0032	0,1412	0,1508	0,0185	1,55	0,37	0,87	1,65	0,12	4,56	5,96	3,77	0,52	10,25	−5,69	95

	Milliäquivalente					totale	
	(NH₄)₂O	Mn₂O₃	Al₂O₃	N₂O₅	Basen-summe	Säuren-summe	Gesamt-summe
80	0,41	0,60	0,01	0,07	4,02	10,95	−6,93	80
92	0,91	0,22	0,11	1,27	23,63	62,76	−39,13	92
95	0,13	0,74	0,02	0,12	5,57	10,25	−4,68	95

	Substanz	Organische Nährstoffe in g							Mineral-				
		Wasser	Eiweiß	Fett	Kohlenhydrate	Rohfaser	Purinkörper	Reine Kalorien	K_2O	Na_2O	CaO	MgO	
96	Mais	13,3	7,7	3,2	63,4	2,2	—	321	0,3744	(0,0138)	0,0273	0,1951	96
97	Maismehl (Mondamin)	13,0	8,0	2,2	69,2	1,4	—	336	0,1704	0,0207	0,0374	0,0881	97
98	Buchweizen, geschält	12,7	8,6	0,8	68,1	1,7	—	321	0,2740	0,0726	0,0525	0,1475	98
99	Buchweizengriesmehl (Grütze)	14,0	8,9	1,0	66,6	1,0	—	319	0,1576	0,0364	0,0143	0,0799	99
100	Hirse (Sorghum) geschält	15,0	9,5	1,8	62,0	2,5	0	311	0,3418	0,0491	0,0189	0,2890	100
101	Kartoffelstärke [a]	10,8	0,3	0,1	84,6	0,1	0	341	0,0176	0,0127	0,0490	0,0071	101
102	Mohnsamen	8,2	13,7	36,7	15,8	5,6	—	471	0,7552	0,0571	1,9606	0,5262	102
103	Eichel, gedörrt und geschält	15,0	4,2	3,8	57,5	4,9	—	286	0,9061	0,0088	0,0964	0,0738	103
104	Kommißbrot, sächsisches [b]	34,1	3,9	0,2	39,4	1,6	Spur	178	0,3097	0,2684	0,0299	0,0581	104
105	Graubrot: Berliner Schwarzbrot	39,7	4,7	0,6	47,9	0,8	—	220	0,1142	0,2994	0,0152	0,0122	105
106	Graubrot: Dresdner, Bienert II. Sorte [c]	—	—	—	—	—	—	—	0,3274	0,2734	0,0788	0,0213	106
107	Pumpernickel	42,2	4,2	0,7	41,8	1,5	0,003	194	0,1344	0,3479	0,0854	0,1330	107
108	Grahambrot, Schrotbrot	41,1	5,8	0,4	44,0	1,0	—	208	0,2271	(0,2261)	0,0848	0,0729	108
109	Schlüterbrot [d]	—	—	—	—	—	—	—	0,3444	0,3620	0,0277	0,0783	109

	Außerdem enthielt	Gramm				
		$(NH_4)_2O$	Mn_3O_4	Al_2O_3	N_2O_5	
101	[a] Kartoffelstärke	0,0109	0,0067	0,0002	0,0085	101
104	[b] Kommißbrot, sächsisches	0,0130	0,0030	0,0002	0,0288	104
106	[c] Graubrot, Dresdner, Bienert II.	0,0108	0,0039	0,0002	0,0266	106
109	[d] Schlüterbrot	0,0209	0,0437	0,0004	0,2618	109

	...estandteile in Gramm			Mineralbestandteile in Milligrammäquivalenten											
Fe_2O_3	P_2O_5	SO_3	Cl	K_2O	Na_2O	CaO	MgO	Fe_2O_3	Basen-summe	P_2O_5	SO_3	Cl	Säuren-summe	Gesamt-summe	
I 0,0096	I 0,5734	I (0,0098)	I (0,0114)	7,95	(0,45)	0,97	9,68	0,36	+19,41	24,22	(0,24)	(0,32)	(24,78)	— (5,37)	96
I 0,0089	I 0,2691	*0,1706	0,0409	3,62	0,67	1,33	4,37	0,33	10,32	11,36	4,26	1,15	16,77	−6,45	97
I 0,0207	I 0,5781	I (0,0251)	I (0,0154)	5,82	2,34	1,87	7,32	0,78	18,13	24,41	(0,63)	(0,43)	(25,47)	— (7,34)	98
I 0,0112	I 0,2982	I (0,0104)	I (0,0118)	3,35	1,17	0,51	3,96	0,42	9,41	12,59	(0,26)	(0,33)	13,18	−3,77	99
I 0,0324	I 0,6000	I (0,0072)	I (0,0147)	7,26	1,58	0,67	14,34	1,22	25,07	25,34	(0,18)	(0,41)	(25,93)	—(0,86)	100
*0,0025	0,0142	*0,0762	*0,0047	0,37	0,41	1,75	0,35	0,09	2,97	0,60	1,90	0,13	2,63	+0,34	101
III 0,0238	III 1,7388	III 0,1065	III 0,2540	16,03	1,84	69,91	26,10	0,89	114,77	73,43	2,66	7,16	83,25	+31,52	102
I 0,0141	I 0,2078	I (0,0582)	I 0,0246	19,24	0,28	3,44	3,66	0,53	27,15	8,78	(1,45)	0,69	10,92	+16,23	103
*0,0043	0,3796	*0,2181	0,2274	6,58	8,66	1,07	2,88	0,16	19,35	16,03	5,45	6,41	27,89	−8,54	104
IV 0,0125	IV 0,2754	IV 0,1792	IV 0,3408	2,42	9,66	0,54	0,61	0,47	13,70	11,63	4,47	9,61	25,71	—12,01	105
*0,0390	0,3299	0,1630	0,2393	6,95	8,82	2,81	1,06	1,47	21,11	13,93	4,07	6,75	24,75	−3,64	106
IV 0,0254	IV 0,2661	IV (0,0486)	IV (0,2817)	2,85	11,22	3,05	6,60	0,95	24,67	11,24	(1,21)	(7,94)	(20,39)	(+4,28)	107
IV 0,0169	IV 0,3339	IV (0,0316)	IV 0,3770	4,82	7,29	3,02	3,62	0,64	19,39	14,10	0,79	10,63	25,52	−6,13	108
*0,0052	0,3338	0,4497	0,2237	7,31	11,68	0,99	3,88	0,20	24,06	14,10	11,23	6,31	31,64	−7,58	109

		Milliäquivalente					
					totale		
$(NH_4)_2O$	Mn_3O_4	Al_2O_3	N_2O_5	Basen-summe	Säuren-summe	Gesamt-summe	
0,42	0,25	0,01	0,16	3,81	9,63	+1,18	101
0,50	0,11	0,01	0,53	20,50	27,89	−7,39	104
0,41	0,15	0,01	0,49	22,17	24,75	−2,58	106
0,80	1,66	0,02	4,85	31,39	31,64	−0,25	109

Substanz	Organische Nährstoffe in g						Reine Kalorien	Mineral-			
	Wasser	Eiweiß	Fett	Kohlenhydrate	Rohfaser	Purinkörper		K_2O	Na_2O	CaO	MgO
110 Simonsbrot ᵃ)	II 36,7	II 6,0	II 0,9	II 50,0	1,0	—	II 238	0,5342	0,4778	0,0624	0,0786
111 Knäckebrot, schwedisches ᵇ)	8,1	8,0	0,6	56,3	14,9	—	270	0,4914	0,2507	0,0917	0,1131
112 Weißbrot, „Berliner Knüppel"	I 33,7	I 5,5	I 0,4	I 56,6	I 0,3	II 0	I 253	IV (0,0974)	IV (0,2729)	0,0816	IV 0,0305
113 Weißbrot, Dresd. „Dreierbrötch." ᶜ)	I 40,4	I 6,1	I 0,4	I 51,1	0,6	—	239	I 0,1516	0,4937	0,0405	0,0496
114 Wasserbrötchen, ohne Salz ᵈ)	34,4	6,0	0,3	47,8	0,7	0	223	0,1474	0,0217	0,0550	0,0309
115 Zwieback ᵉ)	I 9,5	I 7,6	I 1,8	I 73,2	I 0,3	—	I 346	0,1879	0,0820	0,0518	0,0263
116 Kakes, Leibniz-	I 7,5	I 7,5	I 7,7	I 72,0	I 0,4	—	I 396	IV 0,0507	IV (0,2053)	IV 0,0656	IV 0,0302
117 Makkaroni, Nudeln	I 11,9	I 8,8	I 0,4	I 72,5	I 0,4	—	I 336	IV (0,0449)	IV 0,1651	IV 0,0195	IV 0,0136
Kartoffeln, Wurzelgewächse.											
118 Kartoff., Paulsons Juli, 0,9685*¹)ᶠ)	75,8	1,5	0,1	17,5	0,5ᵍ⁾	—	78	0,4698	0,0383	0,0197	0,0375
119 Kartoffeln, Blaublüter, 0,9661*¹)ᵍ)	75,9	2,0	0,1	18,6	0,7ᵍ⁾	—	85	0,5314	0,0573	0,0274	0,0460
120 Kartoffeln, Magn. bon., 0,9850*¹)ʰ)	77,8	1,4	0,0	14,0	1,6ᵉ⁾	II 0,002	63	0,6669	0,0271	0,0223	0,0590
121 Topinambur	I 79,1	I 1,5	I 0,1	I 15,7	I 1,3	—	I 71	I 0,5541	I 0,1231	I 0,0380	I 0,0340
122 Bataten	I 71,7	I 1,2	I 0,3	I 23,2	I 1,0	—	I 101	I 0,5786	I 0,0751	I 0,1167	I 0,0391
123 Kohlrabi, Knollen	I 85,9	I 2,1	I 0,1	I 6,9	I 1,7	—	I 39	I 0,4068	I 0,0750	I 0,1264	I 0,0788
124 Sellerie, Knollen	I 84,1	I 1,1	I 0,2	I 9,9	I 1,4	II 0,005	I 47	III 0,4057	I 0,1768	III 0,1231	III 0,0550

Außerdem enthielt	Gramm				Milliäquivalente				totale		
	$(NH_4)_2O$	Mn_2O_3	Al_2O_3	N_2O_5	$(NH_4)_2O$	Mn_2O_3	Al_2O_3	N_2O_5	Basensumme	Säurensumme	Gesamtsumme
110 ᵃ) Simonsbrot	0,0426	0,0019	0,0141	0,0127	1,64	0,07	0,83	0,24	35,85	38,63	—2,78
111 ᵇ) Knäckebrot aus Schweden	0,0088	0,0286	0,0203	0,0333	0,34	1,09	1,19	0,62	30,90	34,62	—3,72
113 ᶜ) Weißbrot, „Dreierbrötchen"	0,0222	0,0018	0,0013	0,0294	0,85	0,07	0,08	0,54	24,70	34,96	—10,26
114 ᵈ) Wasserbrötchen, ohne Salz	0,0830	0,0028	0,0002	0,0119	3,19	0,11	0,01	0,22	11,02	19,08	—8,06

¹) Gehalt des eßbaren Anteiles; um den Gehalt des ganzen Knollens zu bekommen, müssen die
ᵍ) Außerdem 3,89 g Schalen.   ᵉ) Außerdem 1,50 g Schalen.

	bestandteile in Gramm				Mineralbestandteile in Milligrammäquivalenten											
	Fe_2O_3	P_2O_5	SO_3	Cl	K_2O	Na_2O	CaO	MgO	Fe_2O_3	Basensumme	P_2O_5	SO_3	Cl	Säurensumme	Gesamtsumme	
110	0,0053	0,3724	0,3777	0,4777	11,34	15,41	2,22	3,90	0,20	+33,07	15,73	9,43	13,47	−38,63	−5,56	110
111	0,0068	0,5402	0,2734	0,1765	10,43	8,09	3,27	5,61	0,26	27,66	22,81	6,83	4,98	34,62	−6,96	111
112	IV 0,0132	IV 0,2335	IV 0,2016	IV 0,4213	(2,07)	(8,80)	2,91	1,51	0,50	15,79	9,86	5,04	11,88	26,78	−10,99	112
113	0,0030	0,3201	0,3186	0,4780	3,22	15,93	1,44	2,46	0,11	23,16	13,52	7,96	13,48	34,96	−11,80	113
114	0,0045	0,2435	0,3412	0,0101	3,13	0,70	1,96	1,53	0,17	7,49	10,28	8,52	0,28	19,08	−11,59	114
115	0,0055	0,2446	0,2656	0,1224	3,99	2,65	1,85	1,30	0,21	10,00	10,33	6,63	3,45	20,41	−10,41	115
116	IV Spur	IV 0,3695	IV (0,0100)	IV 0,2838	1,08	(6,62)	2,34	1,50	Spur	11,54	15,60	(0,25)	8,00	23,85	−12,31	116
117	0,0452	IV 0,1324	0,3092	IV 0,0412	(0,95)	5,33	0,70	0,68	1,70	9,36	5,59	7,72	1,16	14,47	−5,11	117
118	0,0021	0,1110	0,0720	0,0518	9,97	1,24	0,70	1,86	0,08	13,85	4,69	1,80	1,46	7,95	+5,90	118
119	0,0015	0,1073	0,1773	0,0278	11,28	1,85	0,98	2,28	0,06	16,45	4,53	4,43	0,78	9,74	+6,71	119
120	0,0025	0,1808	0,2865	0,0495	14,16	0,87	0,80	2,93	0,09	18,85	7,64	7,16	1,36	16,16	+2,69	120
121	I 0,0434	I 0,1624	I 0,0570	I 0,0449	11,76	3,97	1,36	1,69	1,63	20,41	6,86	1,42	1,27	9,55	+10,86	121
122	I 0,0105	I 0,1219	I 0,0639	I 0,1465	12,28	2,42	4,16	1,94	0,39	21,19	5,15	1,60	4,13	10,88	+10,31	122
123	I 0,0348	I 0,2523	I 0,1018	I 0,0569	8,64	2,42	4,51	3,91	1,31	20,79	10,66	2,54	1,60	14,80	+5,99	123
124	III 0,0132	III 0,1205	III 0,0524	III 0,1491	8,61	5,70	4,39	2,73	0,50	21,93	5,09	1,31	4,20	10,60	+11,33	124

	Außerdem enthielt	Gramm				Milliäquivalente					totale		
		$(NH_4)_2O$	Mn_3O_4	Al_2O_3	N_2O_5	$(NH_4)_2O$	Mn_3O_4	Al_2O_3	N_2O_5	Basensumme	Säurensumme	Gesamtsumme	
115	e) Zwieback	0,0062	0,0375	0,0057	0,1009	0,24	1,43	0,33	1,87	13,87	20,41	−6,54	115
118	f) Kart., Pauls.Juli, 0,9685 *¹)	0,0194	0,0121	Spur	0,0108	0,74	0,46	Spur	0,20	15,25	7,95	+7,30	118
119	g) Kart., Blaubl., 0,9661 *¹)	0,0076	0,0142	0,0001	0,0221	0,29	0,54	0,01	0,41	17,70	9,74	+7,96	119
120	h) Kart.,Magn.bon., 0,9850 *¹)	0,0179	0,0085	Spur	0,0198	0,69	0,32	Spur	0,37	20,25	16,16	+4,07	120

Angaben mit der vorgesetzten Zahl (0,9685 usw.) multipliziert werden.   ²) Außerdem 8,14 g Schalen.

	Substanz	Wasser	Eiweiß	Fett	Kohlenhydrate	Rohfaser	Purinkörper	Reine Kalorien	K_2O	Na_2O	CaO	MgO	
					Organische Nährst. in g						Mineral-		
125	Möhren, Mohrrüben, Moorrüben	86,8	0,9	0,2	8,7	1,8	—	41	0,2720	0,1557	0,0834	0,0322	125
126	Karotten, kleine Speisemöhren	88,8	0,8	0,1	6,9	1,0	II 0	32	0,2495	0,1564	0,0773	0,0335	126
127	Pastinake	80,7	0,9	0,3	12,3	1,7	—	57	0,4642	0,0044	0,0660	0,0341	127
128	Rote Rüben, frisch	88,1	1,1	0,1	7,0	1,1	—	34	0,1214	0,3478	0,0416	0,0023	128
129	Kohlrüben, geschälte, 0,7260* *)¹)	91,2	0,8	0,4	7,1	3,8	—	36	0,2569	0,0320	0,0464	0,0168	129
130	Steckrüben, Turnips, weiße Rüben	90,7	0,9	0,1	5,9	1,1	II²) 0,011	29	0,5055	0,0196	0,1180	0,0411	130
131	Runkelrüben, Mangold, Dickwurz	88,0	1,0	0,1	8,3	0,9	—	39	0,2712	0,0800	0,0525	0,0301	131
132	Zuckerrüben	81,3	1,0	0,1	14,6	1,2	—	64	0,3805	0,0639	0,0435	0,0563	132
133	Zichorie (Wurzel), frisch	78,8	0,8	0,2	17,2	1,1	—	75	0,2887	0,1182	0,0529	0,0354	133
134	Rettich, schwrz. Sommer-, m.Rinde³)	86,9	1,4	0,1	7,1	1,6	—	36	(1,1986)	0,2045	(0,4788)	(0,1925)	134
135	Rettich, weißer Früh-, geschält⁴)	—	—	—	—	—	—	—	0,3565	0,0559	0,0133	0,0326	135
136	Radieschen	93,3	0,9	0,1	3,2	0,8	II 0,005	18	0,1550	0,1024	0,0724	0,0126	136
137	Meerrettich, Mährrettich	76,7	2,0	0,2	13,4	2,8	—	65	0,5082	0,0634	0,1360	0,0481	137
138	Schwarzwurzeln, geschält⁵)	80,4	0,8	0,3	12,4	2,3	—	56	0,2875	0,1212	0,0643	0,0391	138
	Gemüse.												
139	Blumenkohl, Karviol	90,9	1,8	0,2	3,8	0,9	II 0,008	26	0,1397	0,0647	0,1389	0,0285	139
140	Wirsing, Savoyer Kohl, Welschkraut, grün ᵇ)⁶)	90,7	1,2	0,1	4,8	1,3	II 0,007	31	0,2852	0,0296	0,0584	0,0197	140

Außerdem enthielt		$(NH_4)_2O$	Mn_3O_4	Al_2O_3	N_2O_5	
129	ᵃ) Kohlrüben, geschälte, 0,7260* ¹)	0,0024	0,0098	0,0004	0,0555	129
140	ᵇ) Wirsing, grün	0,0102	0,0260	0,0002	0,0228	140

¹) Gehalt des eßbaren Anteiles; um den Gehalt des ganzen Knollens zu bekommen, müssen die in Wolff angegebene Wassergehalt (65,2 %) beruht wohl auf einem Schreibfehler für 86,52 %. Sonst aber vollkommen unwahrscheinlich werden würden. Ebenso ist der von Wolff angegebene Gehalt an ⁴) Abfall beim Schälen 8,5 %.   ⁵) Abfall beim Schälen 19 %.   ⁶) Fest geschlossene, grüne, kleine

bestandteile in Gramm				Mineralbestandteile in Milligrammäquivalenten										
Fe₂O₃	P₂O₅	SO₃	Cl	K₂O	Na₂O	CaO	MgO	Fe₂O₃	Basensumme	P₂O₅	SO₃	Cl	Säurensumme	Gesamtsumme
I	I	I	I						+				—	
25 0,0074	0,0940	0,0474	0,0337	5,77	5,02	2,97	1,60	0,28	**15,64**	3,97	1,18	0,95	*6,10*	**+9,54** 125
III 26 0,0073	III 0,0883	III 0,0476	III 0,0368	5,30	5,04	2,76	1,66	0,27	**15,03**	3,73	1,19	1,04	*5,96*	**+9,07** 126
* 27 0,0033	* 0,1408	0,0322	* 0,0300	9,86	0,14	2,35	1,69	0,12	**14,16**	5,95	0,80	0,85	*7,60*	**+6,56** 127
III 28 0,0076	III 0,0699	III 0,0148	III 0,0352	2,58	11,22	1,48	0,11	0,29	**15,68**	2,95	0,37	0,99	*4,31*	**+11,37** 128
* 29 0,0012	* 0,1020	0,1055	* 0,0140	5,45	1,03	1,65	0,83	0,05	**9,01**	4,31	2,64	0,39	*7,34*	**+1,67** 129
III 30 0,0090	0,1415	0,1246	0,0564	10,73	3,54	4,21	2,04	0,34	**20,86**	5,98	3,11	1,59	*10,68*	**+10,18** 130
I 31 0,0094	I 0,1067	I 0,0313	I 0,0062	5,76	2,58	1,87	2,60	0,35	**13,16**	4,50	0,78	0,17	*5,45*	**+7,71** 131
I 32 0,0082	I 0,0872	I 0,0301	I 0,0345	8,08	2,06	1,55	2,79	0,31	**14,79**	3,68	0,75	0,97	*5,40*	**+9,39** 132
III 33 0,0189	III 0,0941	III 0,0598	III 0,0606	6,13	3,81	1,89	1,76	0,71	**14,30**	3,97	1,49	1,71	*7,17*	**+7,13** 133
III 34 (0.0633)	* 0,0831	III (0.4243)	III (0.2673)	25,45	6,60	17,07	9,55	2,38	**61,05**	3,51	10,60	7,54	*21,65*	**+39,40** 134
* 35 0,0266	0,0574	0.2004	* 0,0699	7,57	1,80	0,47	1,62	1,00	**12,46**	2,42	5,01	1,97	*9,40*	**+3,06** 135
I 36 0,0133	I 0,0526	I 0.0313	I 0,0443	3,29	3,30	2,58	0,63	0,50	**10,30**	2,22	0,78	1,25	*4,25*	**+6,05** 136
I 37 0,0320	I 0,1280	I 0.5087	I 0.0155	10,79	2,05	4,85	2,39	1,20	**21,28**	5,41	12,71	0,44	*18,56*	**+2,72** 137
* 38 0,0278	0,2432	* 0.1054	* 0,0305	6,10	3,91	2,29	1,94	1,05	**15,29**	10,27	2,63	0,86	*13,76*	**+1,53** 138
III 39 0,0043	III 0,1318	III (0,0843)	III 0,0288	2,97	2,09	4,95	1,41	0,16	**11,58**	5,57	2,11	0,81	*8,49*	**+3,04** 139
* 40 0.0017	* 0,1015	* 0,1157	* 0,0074	6,06	0,95	2,08	0,98	0,06	**10,13**	4,29	2,89	0,21	*7,39*	**+2,74** 140

Milliäquivalente						
(NH₄)₂O	Mn₂O₃	Al₂O₃	N₂O₅	Basensumme	Säurensumme	Gesamtsumme
					totale	
29 0,09	0,37	0,02	1,03	**10,53**	*7,34*	**+3,19** 129
40 0,39	0,99	0,01	0,42	**11,94**	*7,39*	**+4,55** 140

Angaben mit der vorgesetzten Zahl (0,7260) multipliziert werden. ²) Bei Teltower Rübchen. ³) Der
müssen obenstehende Werte für die Aschenbestandteile mit 2,5840 multipliziert werden, wodurch sie
P₂O₅ gänzlich unmöglich, weshalb ich dafür einen von mir gefundenen Wert eingesetzt habe.
Köpfe; Geruch beim Kochen normal kohlartig, Geschmack fein.

Substanz	Organische Nährstoffe in g						Reine Kalorien	Mineral-			
	Wasser	Eiweiß	Fett	Kohlenhydrate	Rohfaser	Purinkörper		K₂O	Na₂O	CaO	MgO
141 Wirsing, Savoyer Kohl, weiß ᵃ)¹)	91,6	1,2	0,1	5,1	1,1	II 0,007	32	0,2474	0,0561	0,0474	0,0070 |141
142 Weißkraut, Kappes ᵇ)	90,1	1,3	0,1	4,2	1,7	II 0	24	0,5722	0,0423	0,0697	0,0394 |142
143 Rotkraut ᶜ)	90,1	1,3	0,1	4,9	1,3	II 0,002	27	0,2953	0,0517	0,0400	0,0285 |143
144 Grünkohl im März ᵈ)²)	93,8	1,9	0,1	1,6	1,6	—	23	0,5057	0,0333	0,1730	0,0453 |144
145 Grünkohl im Dezember ᵉ)³)	80,0	2,9	0,5	9,8	1,9	II 0,002	58	0,6748	0,0064	0,1596	0,0505 |145
146 Kohlkeime, Kohlsprossen ᶠ)⁴)	—	—	—	—	—	—	—	0,6695	0,0623	0,1105	0,0533 |146
147 Rosenkohl ᵍ)	85,6	3,5	0,3	5,2	1,6	II 0	40	0,4521	0,0048	0,0351	0,0333 |147
148 Endivien	94,1	1,3	0,1	2,2	0,6	—	16	0,4596	(0,1471)	0,1460	0,0215 |148
149 Löwenzahn ʰ)	85,5	2,0	0,4	6,3	1,5	—	39	0,5546	0,2274	0,1467	0,0596 |149
150 Kopfsalat (Lattich)	94,3	1,2	0,2	1,8	0,7	II 0,003	15	0,3867	0,0775	0,1509	0,0636 |150
151 Römischer Salat ⁱ)	92,5	0,9	0,3	3,0	1,2	—	19	0,3694	0,0216	0,0633	0,0531 |151
152 Rapünzchen, Feldsalat ᵏ)	93,4	1,5	0,3	2,3	0,6	—	19	0,0949	0,1721	0,0338	0,0222 |152
153 Dill, Blüten und Blätter	83,8	2,5	0,5	6,1	2,1	—	41	0,4893	0,2154	0,5450	0,1967 |153
154 Kohlrabi, Blätter und Stengel	86,0	2,2	0,3	6,1	1,6	—	38	0,3497	0,1550	0,4272	0,1244 |154

Außerdem enthielt	Gramm				Milliäquivalente				totale		
	(NH₄)O	Mn₂O₃	Al₂O₃	N₂O₅	(NH₄)O	Mn₂O₃	Al₂O₃	N₂O₅	Basensumme	SäurenSumme	Gesamtsumme
141 ᵃ) Wirsing, weiß	0,0023	0,0239	Spur	0,0215	0,09	0,91	Spur	0,40	10,56	11,14	−0,58 |141
142 ᵇ) Weißkraut, Kappes	0,0665	0,0124	0,0038	0,0480	2,55	0,47	0,22	0,89	22,39	14,18	+8,21 |142
143 ᶜ) Rotkraut	0,0684	0,0178	0,0040	0,0299	2,63	0,68	0,23	0,55	15,83	9,54	+6,29 |143
144 ᵈ) Grünkohl im März	0,0476	0,0096	0,0081	0,0802	1,83	0,36	0,48	1,48	24,68	24,52	+0,16 |144
145 ᵉ) Grünkohl im Dezember	0,0406	0,0070	0,0089	0,0786	1,56	0,27	0,52	1,46	27,63	23,63	+4,00 |145

¹) Fest geschlossene, ganz weiße Riesenköpfe, sehr zart; Geruch beim Kochen widerlich, fast
³) Enthielt auch viele große Blätter, weniger zart, 47% Abfall.   ⁴) Abfall: 23%.

	bestandteile in Gramm				Mineralbestandteile in Milligrammäquivalenten											
	Fe₂O₃	P₂O₅	SO₃	Cl	K₂O	Na₂O	CaO	MgO	Fe₂O₃	Basensumme	P₂O₅	SO₃	Cl	Säurensumme	Gesamtsumme	
141	0,0016*	0,1011*	0,2466	0,0253*	5,25	1,81	1,69	0,35	0,06	+9,16	4,27	6,16	0,71	*11,14* −	−1,98	141
142	0,0083*	0,2155*	0,1615	0,0371*	12,15	1,36	2,49	1,95	0,31	18,26	9,10	4,03	1,05	*14,18*	+4,02	142
143	0,0255*	0,0628*	0,1629*	0,1001*	6,27	1,67	1,43	1,41	0,96	11,74	2,65	4,07	2,82	*9,54*	+2.20	143
144	0,0081	0,2215*	0,5333*	0,0655*	10,74	1,07	6,17	2,25	0,30	20,53	9,35	13,32	1,85	*24,52*	−3,99	144
145	0,0287*	0,2569*	0,4445*	0,0597*	14,33	0,21	5,69	2,51	1,08	23,82	10,85	11,10	1,68	*23,63*	+0,19	145
146	0,0049*	0,1978*	0,3233*	0,0784*	14,21	2,01	3,94	2,64	0,18	22,98	8,35	8,08	2,21	*18,64*	+4,34	146
147	0,0084*	0,2913*	0,5082*	0,0402*	9,60	0,15	1,25	1,65	0,32	12,97	12,30	12,69	1,13	*26,12*	−13,15	147
148	III 0,0409	III (0,0363)	III (0,0632)	0,1669*	9,76	(4,75)	5,21	1,07	1,54	(22,33)	(1,53)	(1,58)	4,71	(*7,82*)	+(14,51)	148
149	0,0252*	0,1635*	0,0417*	0,0988*	11,77	7,34	5,23	2,96	0,95	28,25	6,90	1,04	2,79	*10,73*	+17,52	149
150	I 0,0546	I 0,0944	I 0,0386	I 0,0786	8,21	2,50	5,38	3,16	2,05	21,30	3,99	0,96	2,22	*7,17*	+14,12	150
151	0,0523*	0,1217*	0,0489*	0,0725*	7,84	0,70	2,26	2,63	1,96	15,39	5,14	1,22	2,05	*8,41*	+6,98	151
152	0,0311*	0,1116*	0,1432*	0,0696*	2,01	5,55	1,21	1,10	1,17	11,04	4,71	3,58	1,96	*10,25*	+0,79	152
153	I 0,0167	I 0,3456	I 0,3422	I 0,2003	10,39	6,95	19,43	9,76	0,63	47,16	14,60	8,55	5,65	*28,80*	+18,36	153
154	I 0,0719	I 0,3235	I (0,0235)	I 0,1302	7,42	5,00	15,23	6,17	2,70	36,52	13,56	(0,59)	3,67	(*17,92*)	+(18,60)	154

	Außerdem enthielt	Gramm				Milliäquivalente				totale			
		(NH₄)₂O	Mn₃O₄	Al₂O₃	N₂O₅	(NH₄)₂O	Mn₃O₄	Al₂O₃	N₂O₅	Basensumme	Säurensumme	Gesamtsumme	
146	f) Kohlkeime	0.0233	0,0329	Spur	0,0347*	0,89	1,26	Spur	0,64	25,77	*18,64*	+7,13	146
147	g) Rosenkohl	0,0384	0,0284	0,0065	0,0187	1,47	1,08	0,38	0,35	16,25	*26,12*	−9,87	147
149	h) Löwenzahn	0,0229	0,0755	0,0013	0,0739*	0,88	2,87	0,08	1,37	33,45	*10,73*	+22,72	149
151	i) Römischer Salat	0,0286	0,0321	0,0002	0,0310	1,10	1,22	0,01	0,57	18,29	*8,41*	+9,88	151
152	k) Rapünzchen, Feldsalat	0,0305	0,0491	0,0018	0,0455	1,17	1,87	0,11	0,84	15,03	*10,25*	+4,78	152

fäkalartig, Geschmack streng, leicht anekelnd.   g) Kleine, zarte Blätter, fast 80% Abfall.

Berg, Nahrungs- und Genußmittel.

3

	Substanz	Organische Nährstoffe in g							Mineral-				
		Wasser	Eiweiß	Fett	Kohlen-hydrate	Rohfaser	Purin-körper	Reine Kalorien	K₂O	Na₂O	CaO	MgO	
155	Sellerie, Blätter und Stengel a)	85,6	2,0	0,3	6,6	1,3	—	36	0,5721	0,0888	0,2571	0,0718	155
156	Bleichsellerie b)	93,1	1,2	0,1	3,9	1,2	—	22	0,6178	0,0616	0,1380	0,0200	156
157	Rhabarber, Stengel	94,5	0,4	0,3	2,7	0,6	—	16	0,3528	0,0305	0,0594	0,0551	157
158	Rhabarber, Blätter	¹)	—	—	—	—	—	—	(0,1618)	0,3552	0,0442	0,0557	158
159	Eibisch (amerik. Okra)	80,7	3,0	0,3	10,2	1,2	—	58	0,0420	0,0580	0,1000	0,0160	159
160	Sauerampfer c) ²)	92,2	1,7	0,3	3,2	0,7	—	25	0,4384	0,0061	0,0545	0,0676	160
161	Spinat, Ernte Ende März d)	88,4	4,2	0,1	2,6	0,6	—	34	0,8939	0,0945	0,0831	0,0951	161
162	Spinat, Ernte ?	89,2	2,7	0,3	3,0	0,9	0,024	29	0,2947	(0,6281)	0,2113	0,1136	162
163	Spargel e)	93,7	1,4	0,1	2,0	1,2	0,008	16	0,1983	0,0226	0,0186	0,0179	163
164	Artischocke ³)	82,5	1,5	0,1	9,4	2,3	—	46	0,2435	0,0751	0,0968	0,0419	164
165	Bleichzichorie f)	—	—	—	—	—	—	—	0,2693	0,0240	0,0177	0,0174	165
166	Hopfen, junge Schößlinge g)	92,5	2,6	0,01	2,4	1,0	—	22	0,2383	0,0923	0,1380	0,0389	166
167	Tomate, Liebesapfel	93,4	0,7	0,1	3,4	0,8	0	18	0,3776	0,1686	0,0604	0,0854	167
168	Kürbis, Fruchtfleisch	90,3	0,8	0,1	5,5	1,2	—	26	0,0807	0,0876	0,0321	0,0140	168
169	Wassermelone, Fruchtfleisch	92,1	0,6	0,4	4,9	0,5	—	26	0,0873	0,0109	0,0153	0,0049	169

	Außerdem enthielt	Gramm				Milliäquivalente				totale			
		(NH₄)₂O	Mn₃O₄	Al₂O₃	N₂O₅	(NH₄)₂O	Mn₃O₄	Al₂O₃	N₂O₅	Basen-Summe	Säuren-Summe	Gesamt-Summe	
155	a) Sellerie, Blätter u. Stengel	0,0630	0,0378	Spur	0,3763	2,42	1,44	Spur	6,97	38,77	25,44	+13,33	155
156	b) Bleichsellerie	0,0019	0,0073	Spur	0,0068	0,07	0,28	Spur	0,13	22,37	10,78	+11,59	156
160	c) Sauerampfer	0,0449	0,0683	0,0014	0,0524	1,72	2,60	0,08	0,97	23,05	11,52	+11,53	160
161	d) Spinat, Ende März	0,0847	0,0751	0,0009	0,0981	3,25	2,85	0,05	1,82	39,32	26,23	+13,09	161

¹) Rhabarberblätter werden wohl in Gehalt an organischen Nährstoffen dem Gartensauerampfer die Asche aber auf wilden Ampfer. ²) Mittel aus Boden und Schuppen.

bestandteile in Gramm				Mineralbestandteile in Milligrammäquivalenten											
Fe₂O₃	P₂O₅	SO₃	Cl	K₂O	Na₂O	CaO	MgO	Fe₂O₃	Basen-Summe	P₂O₅	SO₃	Cl	Säuren-Summe	Gesamt-Summe	
155 0,0054	0,1452	0,4220	0,3110	12,15	2,86	9,17	3,56	0,20	+27,94	6,13	10,54	8,77	25,44	+2,50	155
156 0,0232	0,1459	0,1498	0,0312	13,12	1,99	4,92	0,99	0,87	21,89	6,16	3,74	0,88	10,78	+11,11	156
157 III 0,0087	III 0,0837	III (0,0112)	III 0,0319	7,49	0,98	2,12	2,73	0,33	13,65	3,54	(0,28)	0,90	(4,72)	+(8,93)	157
158 III 0,0138	III 0,3482	III 0,1064	III 0,0649	(3,44)	11,46	1,57	2,76	0,52	(19,75)	14,70	2,66	1,83	19,19	+(0,56)	158
159 I —	I 0,0430	I 0,0340	I —	0,89	1,87	3,57	0,79	—	7,12	1,82	0,85	—	2,67	+4,45	159
160 0,0766	0,1655	0,1043	0,0680	9,31	0,20	1,94	3,35	2,88	17,68	6,99	2,61	1,92	11,52	+6,16	160
161 0,0437	0,3762	0,2703	0,1272	18,98	3,05	2,96	4,72	1,64	31,35	15,89	6,75	3,59	26,23	+5,12	161
162 I 0,0596	I (0,1824)	I 0,1223	I 0,1119	6,26	(20,26)	7,53	5,63	2,24	(41,92)	(7,70)	3,05	3,16	(13,91)	+(28,01)	162
163 0,0016	0,0797	0,1082	0,0527	4,21	0,73	0,66	0,89	0,06	6,55	3,37	2,70	1,49	7,56	−1,01	163
164 III 0,0254	III 0,3896	III 0,0525	III 0,0220	5,17	2,42	3,45	2,08	0,95	14,07	16,45	1,31	0,62	18,38	−4,31	164
165 0,0039	0,0814	0,0855	0,0079	5,72	0,77	0,63	0,86	0,15	8,13	3,44	2,14	0,22	5,80	+2,33	165
166 0,0279	0,6066	0,1769	0,0126	5,06	2,98	4,92	1,93	1,05	15,94	25,62	4,42	0,35	30,39	−14,45	166
167 IV 0,0231	IV 0,0934	IV 0,0473	IV 0,0686	8,02	5,44	2,15	4,24	0,87	20,72	3,94	1,18	1,93	7,05	+13,67	167
168 III 0,0108	III (0,1362)	III 0,0098	III 0,0178	1,71	2,83	1,14	0,69	0,41	6,78	(5,75)	0,25	0,50	(6,50)	+(0,28)	168
169 I 0,0021	I 0,0069	I 0,0289	I 0,0083	1,85	0,35	0,55	0,24	0,08	3,07	0,29	0,72	0,23	1,24	+1,83	169

Außerdem enthielt	Gramm				Milliäquivalente					totale		
	(NH₄)₂O	Mn₃O₄	Al₂O₃	N₂O₅	(NH₄)₂O	Mn₃O₄	Al₂O₃	N₂O₅	Basen-Summe	Säuren-Summe	Gesamt-Summe	
63 ᵉ) Spargel	0,0228	0,0218	Spur	0,0430	0,88	0,83	Spur	0,80	9,06	7,56	+1,05	163
65 ᶠ) Bleichzichorie	0,0152	0,0723	0,0002	0,0227	0,58	2,75	0,01	0,42	11,89	5,80	+6,09	165
66 ᵍ) Hopfen, junge Schößlinge	0,0412	0,0300	Spur	0,1512	1,58	1,14	Spur	2,80	21,46	30,39	−8,93	166

am ähnlichsten sein. ²) Wasser und organische Nährstoffe beziehen sich auf Gartensauerampfer, Patientie,

3*

	Substanz	Organische Nährst. in g							Mineralbestandteile					
		Wasser	Eiweiß	Fett	Kohlen-hydrate	Rohfaser	Purin-körper	Reine Kalorien	K_2O	Na_2O	CaO	MgO	Fe_2O_3	
170	Gurke	95,4	0,8	0,1	1,9	0,8	0	12	2,0909	0,1694	0,2818	0,1820	0,0303	170
170a	Brunnenkresse, Erfurter[a]	92,3	1,9	0,1	0,5	0,8	—	12	0,3463	0,1329	0,2630	0,0663	0,0027	170a
171	Zwiebeln, blaßrote[b]	90,1	1,1	0,3	3,2	0,7	0	21	0,1541	0,0354	0,0427	0,0111	0,0024	171
172	Schnittlauch, Blätter	82,0	2,8	0,5	7,6	2,5	Spuren	49	0,3290	0,0414	0,2045	0,0528	0,0145	172
173	Lauch, Porree, Knollen	87,6	2,0	0,2	5,5	1,5	—	33	0,2392	0,1102	0,0808	0,0227	0,0592	173
174	Lauch, Porree, Blätter	90,8	1,5	0,3	3,8	1,3	—	25	0,3058	0,0514	0,1632	0,0333	0,0047	174

Hülsenfrüchte.

	Substanz	Wasser	Eiweiß	Fett	Kohlen-hydrate	Rohfaser	Purin-körper	Reine Kalorien	K_2O	Na_2O	CaO	MgO	Fe_2O_3	
175	Bohnen, weiße, Acker-, Puff-, Pferde-, reife	14,0	18,0	0,5	40,2	8,3	0,017	252	1,2952	0,0331	0,1558	0,2232	0,0144	175
176	Bohn., Schmink-, Vits-, reife	11,2	16,6	0,6	47,0	3,9	—	273	1,2578	0,0426	0,1823	0,2178	0,0091	176
177	Brechbohn., frische grüne[c]	84,1	3,9	0,2	6,2	2,1	—	45	0,3738	0,0271	0,0443	0,0258	0,0009	177
178	Schnittbohn. fr. grüne[d]	84,1	3,9	0,2	6,2	2,1	—	45	0,2591	0,0136	0,0588	0,0505	0,0032	178
179	Schnittbohnen, grüne, gedörrte	14,2	13,6	1,0	41,1	10,4	—	240	2,1853	0,1770	1,0261	0,5227	0,0724	179
180	Kichererbsen, reife	14,8	13,0	1,6	47,0	4,5	—	266	0,6895	0,0362	0,1247	1,5600	0,0678	180
181	Erbsen, reife	13,8	17,0	0,6	45,9	5,6	0,018	271	0,9834	0,0226	0,1174	0,1874	0,0202	181
182	Erbsen, junge, grüne, fr.[e]	77,7	4,7	0,3	10,4	1,9	0,027	68	0,3872	0,0289	0,0469	0,0710	0,0024	182

Außerdem enthielt	Gramm				
	$(NH_4)_2O$	Nn_2O_3	Al_2O_3	N_2O_3	
170a [a]) Brunnenkresse, Erfurter	0,0130	0,0069	0,0001	0,1062	170a
171 [b]) Zwiebeln, blaßrote	0,0208	0,0001	0,0080	0,0027	171
178 [c]) Brechbohnen, frische grüne	0,0216	0,1169	0,0008	0,1118	178
179 [d]) Schnittbohnen, frische grüne	0,0211	0,0501	0,0005	0,0997	179
182 [e]) Erbsen, junge, grüne, frische	0,1093	0,0177	0,0002	0,1381	182

in Gramm			Mineralbestandteile in Milligrammäquivalenten											
P_2O_5	SO_3	Cl	K_2O	Na_2O	CaO	MgO	Fe_2O_3	Basen-summe	P_2O_5	SO_3	Cl	Säuren-summe	Gesamt-summe	
0,5297	0,2305	0,3704	44,39	5,47	10,05	9,03	1,14	+70,08	22,37	5,76	10,45	−38,58	+31,50	170
0,1731	0,4167	0,0607	7,35	4,29	9,38	3,29	0,10	24,41	7,31	10,41	1,71	19,43	+4,98	170a
0,0544	0,1845	0,0267	3,27	1,14	1,52	0,55	0,09	6,57	2,30	4,61	0,75	7,66	−1,09	171
0,1476	0,1212	0,0433	6,99	1,34	7,29	2,62	0,54	18,78	6,23	3,03	1,22	10,48	+8,30	172
0,1300	0,0575	0,0242	5,08	3,55	2,88	1,13	2,22	14,86	5,49	1,44	0,68	7,61	+7,25	173
0,0574	0,0308	0,0498	6,49	1,66	5,82	1,65	0,18	15,80	2,42	0,77	1,35	4,54	+11,26	174
1,2132	(0,1058)	0,0556	27,50	1,07	5,56	11,07	0,54	45,74	51,23	(2,64)	1,57	(55,44)	−(9,70)	175
1,0152	(0,1158)	(0,0246)	26,70	1,37	6,50	10,80	0,34	45,71	42,87	(2,89)	(0,69)	(46,45)	−(0,74)	176
0,0915	0,1118	0,0300	7,94	0,87	1,58	1,28	0,03	11,70	3,86	2,79	0,85	7,50	+4,20	177
0,0515	0,1099	0,0576	5,50	0,44	2,10	2,50	0,12	10,66	2,17	2,75	1,62	6,54	+4,12	178
(1,0921)	(0,1769)	(0,3930)	(46,40)	(5,71)	(36,59)	(25,93)	(2,72)	(117,35)	(46,12)	(4,42)	(11,08)	(61,62)	+(55,73)	179
1,1088	(0,0947)	0,0799	14,64	1,17	4,45	(77,38)	2,55	(100,19)	46,82	(2,37)	2,25	(51,44)	(+48,75)	180
0,8573	(0,0821)	0,0362	20,88	0,73	4,19	9,30	0,76	35,86	36,20	2,05	1,02	39,27	−3,41	181
0,2825	0,1510	0,0360	8,22	0,93	1,67	3,52	0,09	14,43	11,93	3,77	1,02	16,72	−2,29	182

Milliäquivalente				totale			
$(NH_4)_2O$	Mn_2O_3	Al_2O_3	N_2O_5	Basen-summe	Säuren-summe	Gesamt-summe	
0,50	0,26	0,01	1,97	27,15	19,43	+7,72	170a
0,80	0,30	0,01	0,05	10,60	7,66	+2,94	171
0,83	4,44	0,05	2,07	19,09	7,50	+11,59	178
0,81	1,90	0,03	1,85	15,25	6,54	+8,71	179
4,20	0,67	0,01	2,56	21,87	16,72	+5,15	182

	Substanz	Organische Nährstoffe in g							Mineral-				
		Wasser	Eiweiß	Fett	Kohlen-hydrate	Rohfaser	Purin-körper	Reine Kalorien	K_2O	Na_2O	CaO	MgO	
183	Linsen, reife	I 12,3	I 18,2	I 0,6	I 44,7	I 3,9	II 0.054	I 272	III 0,6280	III 0,2439	III 0,1145	III (0,0446)	183
184	Lupinen, reife, Samen[1])	I 14,8	I 29,0	I 1,6	I 29,6	I 13,22	—	I 229	I 0,9922	I 0,1673	I 0,2610	I 0,3106	184
	Obst, Früchte.[2])												
185	Äpfel, Hammerstein (1,3514*)*)	66,0*	0,2*	0,0*	3,1*	1,2*	II 0	13*	0,0611*	0,0118*	0,0082*	0,0040*	185
186	Äpfel Bellefleur (1,3158*)b)	63,8*	0,3*	0,1*	5,3*	1,2*	—	24*	0,1122*	0,0167*	0,0113*	0,0041*	186
187	Birnen (1,05*)	I 79,8	I 0,3	—	I 11,2	I 2.2	I 0	I 46	I 0,1683	I 0,0259	I 0,0236	I 0,0159	187
188	Pflaumen (1,053*)	I 77,4	I 0,8	—	I 13,5	I 0,8	II 0	I 58	I 0,2932	I 0,0125	I 0,0171	I 0,0205	188
189	Zwetschen (1,0535*)c)	I 77,1	I 0,6	—	I 11,0	I 0,8	II 0	I 47	I 0,2509	I 0,0130	I 0,0278	I 0,0135	189
190	Schlehen (1,06*)	III 61,7	—	—	—	—	—	—	III 0,2372	III 0,0292	III 0,0653	III 0,0422	190
191	Mirabellen (1,058*)	80,9*	I 0,6	—	I 12,7	I 0,9	—	I 53	I 0,2578	I 0,0343	I 0,0261	I 0,0232	191
192	Aprikosen (1,125*)d)	I 74,5	I 0,5	—	I 8,1	I 1,6	II 0	I 36	I 0,2308	I 0,0165	I 0,0184	I 0,0115	192
193	Pfirsiche (1,122*)e)	I 73,0	I 0,8	—	I 8,7	I 0,5	—	I 38	I 0,2531	I 0,0367	I 0,0555	I 0,0162	193
194	Kirschen, Black Tatarian (amerik.) (1,14)	I 74,1	I 0,8	—	I 10,8	I 1,1	—	I 46	I 0,2428	I 0,0286	I 0,0177	I 0,0232	194
195	Kirschen, frühe Weichsel- (1,15*)	70,2*	0,7*	—	9,1*	1,1*	—	40*	I 0,2848	I 0,0086	I 0,0334	I 0,0297	195
196	Kirschen, süße Knaps- (1,1764*)f)	69,6*	0,7*	—	10,7*	1,1*	—	I 45	I 0,0699	I 0,1254	I 0,0191	0,0090*	196

	Außerdem enthielt	Gramm				Milliäquivalente				totale			
		$(NH_4)_2O$	Mn_2O_3	Al_2O_3	N_2O_5	$(NH_4)_2O$	Mn_2O_3	Al_2O_3	N_2O_5	Basen-summe	Säuren-summe	Gesamt-summe	
185	*) Äpfel, Hammerstein (1,3514*)	0,0088*	0,0022*	Spur	0,0050*	0,34	0,08	Spur	0,09	2,72	1,85	+0,87	185
186	b) Äpfel, Bellefleur (1,3158*)	0,0032*	0,0045*	0,0001*	0,0043*	0,12	0,17	0,01	0,08	3,91	2,89	+1,02	186
189	c) Zwetschen (1,0535*)	0,0056*	0,0023*	⟨0,0001*	0,0228*	0,21	0,09	⟨0,01	0,42	8,97	4,19	+4,78	189

[1]) Durchschnitt von 3 Analysen.   [2]) Die Angaben beziehen sich, wo nicht anderes ausdrücklich schalenhaltige Frucht berechnet. Zum Umrechnen auf Fruchtfleisch müssen die Daten mit der beigesetzten,

bestandteile in Gramm				Mineralbestandteile in Milligrammäquivalenten										
Fe_2O_3	P_2O_5	SO_3	Cl	K_2O	Na_2O	CaO	MgO	Fe_2O_2	Basensumme	P_2O_5	SO_3	Cl	Säuresumme	Gesamtsumme
183 III 0,0361	III 0,6558	0,6646*	I 0,0836	13,33	7,87	4,08	2,21	1,36	+28,85	27,69	16,60	2,36	−46,65	−17,80 183
184 I 0,0224	I 1,0766	I (0,2461)	I 0,0318	21,07	5,40	9,31	15,41	0,84	52,03	45,46	(6,15)	0,90	(52,51)	−(0,48) 184
185 0,0007*	0,0161*	0,0263*	0,0011*	1,30	0,38	0,30	0,20	0,03	2,21	0,68	0,66	0,03	1,37	+0,84 185
186 0,0006*	0,0185*	0,0541*	0,0012*	2,39	0,54	0,40	0,20	0,02	3,55	0,78	1,35	0,04	2,17	+1,38 186
187 I 0,0032	I 0,0463	I 0,0175	0,0179*	3,57	0,84	0,84	0,79	0,12	6,16	1,96	0,44	0,50	2,90	+3,26 187
188 I 0,0043	I 0,0547	I 0,0104	I 0,0014	6,22	0,40	0,61	1,02	0,16	8,41	2,31	0,26	0,04	2,61	+5,80 188
189 0,0204*	0,0748*	0,0377*	0,0031*	5,33	0,42	0,99	0,67	0,77	8,18	3,16	0,94	0,09	4,19	+3,99 189
190 III 0,0061	III 0,0707	III 0,0123	III 0,0021	5,04	0,94	2,33	2,09	0,23	10,63	2,99	0,31	0,06	3,36	+7,28 190
191 I 0,0065	I 0,0929	I 0,0200	I 0,0025	5,47	1,11	0,93	1,15	0,24	8,90	3,92	0,50	0,07	4,49	+4,41 191
192 0,0061*	0,0432*	0,0108*	0,0007*	4,90	0,53	0,66	0,57	0,24	6,90	1,82	0,27	0,02	2,11	+4,79 192
193 0,0063*	0,0723*	0,0432*	0,0015*	5,37	1,18	1,98	0,80	0,24	9,57	3,05	1,08	0,04	4,17	+5,40 193
194 I 0,0047	I 0,0636	I 0,0246	I 0,0770	5,16	0,92	0,63	1,15	0,18	8,04	2,69	0,61	2,17	5,47	+2,57 194
195 I 0,0106	I 0,1025	I 0,0204	I 0,0079	6,05	0,28	1,19	1,47	0,40	9,39	4,33	0,51	0,22	5,06	+4,33 195
196 0,0024*	0,0372*	0,0425*	0,0517*	1,48	4,05	0,68	0,45	0,09	6,75	1,57	1,06	1,46	4,09	+2,66 196

Außerdem enthielt	Gramm				Milliäquivalente				totale			
	$(NH_4)O$	Mn_3O_4	Al_2O_3	N_2O_5	$(NH_4)O$	Mn_3O_4	Al_2O_3	N_2O_5	Basensumme	Säuresumme	Gesamtsumme	
2 d) Aprikosen (1,1250*)	0,0055*	0,0208*	(0,0001*	0,0402*	0,21	0,79	(0,01	0,74	8,65	2,11	+6,54	192
3 e) Pfirsiche (1,1220*)	0,0066*	0,0049*	(0,0001*	0,0317*	0,25	0,19	(0,01	0,59	10,61	4,17	+6,44	193
6 f) Kirschen, süße Knaps- (1,1764*)	0,0031*	0,0072*	(0,0001*	0,0415*	0,12	0,27	(0,01	0,77	7,92	4,09	+3,83	196

vermerkt ist, nur auf den Gehalt des eßbaren Anteiles (Fruchtfleisches), aber auf ganze, kern- und eingeklammerten Zahl (1,3514*, etc.) multipliziert werden.

Substanz	Organische Nährstoffe in g						Reine Kalorien	Mineral-				
	Wasser	Eiweiß	Fett	Kohlenhydrate	Rohfaser	Purinkörper		K_2O	Na_2O	CaO	MgO	
197 Kirschen, saure Ammer- (1,14*)ᵃ)¹)	71,8	0,8	—	10,5	1,1	—	45	0,1849	0,0569	0,0133	0,0125	197
198 Datteln, getrocknete (1,1550*)ᵇ)³)	23,1	1,3	0,1	53,9	6,4	—	223	0,6447	0,0606	0,0642	0,0825	198
199 Erdbeeren (1,021*)ᶜ)	85,2	0,4	—	9,7	3,7	—	41	0,1259	0,0276	0,0410	0,0220	199
200 Feigen, getrocknete, ganze Frucht	28,7	2,7	—	56,3	6,2	—	238	1,1613	0,0623	0,2267	0,1165	200
201 Heidelbeeren (1,026*)ᵈ)	78,8	0,6	—	7,0	14,6	II 0	31	0,0370	0,0336	0,0178	0,0040	201
202 Preißelbeeren (Vaccinium Vitis idaeus) (1,0199*)ᵉ)⁴)	—	—	—	—	—	II 0	—	0,1086	0,0052	0,0379	0,0159	202
203 Preißelbeeren (V. macrocarpus), ganze Frucht³)	89,6	0,1	—	6,0	—	—	25	0,0767	0,0104	0,0297	0,0109	203
204 Moosbeeren (V. Oxycoccus) (1,0119*)ᶠ)	—	—	—	—	—	—	—	0,0977	0,0030	0,1092	0,0103	204
205 Stachelbeeren, grüne, Ballon (1,01*)	84,7	0,7	—	8,5	2,4	—	34	0,2921	0,0303	0,0792	0,0218	205
206 Stachelbeeren, Maurers Sämling (1,0091*)	85,1	0,7	—	9,1	3,7	—	37	0,1962	0,0600	0,0486	0,0198	206
207 Stachelbeeren, gewöhnliche rote (1,0081*)ᵍ)	85,5	0,7	—	9,7	3,5	—	39	0,3386	0,0976	0,0140	0,0319	207

Außerdem enthielt	Gramm				Milliäquivalente				totale			
	$(NH_4)_2O$	Mn_3O_4	Al_2O_3	N_2O_5	$(NH_4)_2O$	Mn_3O_4	Al_2O_3	N_2O_5	Basensumme	Säurensumme	Gesamtsumme	
197 ᵃ) Kirschen, saure Ammer- (1,1400*)	0,0040	0,0127	<0,0001	0,0447	0,15	0,48	<0,01	0,83	8,38	4,83	+3,55	197
198 ᵇ) Datteln, getrockn. (1,1550*)	0,0203	0,0086	0,0003	0,0016	0,78	0,33	0,02	0,03	23,22	19,13	+4,09	198
199 ᶜ) Erdbeeren (1,0210*)	0,0022	0,0118	<0,0001	0,0412	0,08	0,45	<0,01	0,76	7,91	4,85	+3,06	199
201 ᵈ) Heidelbeeren (1,0260*)	0,0743	0,0117	0,0004	0,0284	2,93	0,44	0,02	0,53	6,66	1,31	+5,35	201

¹) Die Angaben beziehen sich, wo nicht anderes ausdrücklich vermerkt ist, nur auf den Gehalt des rechnen auf Fruchtfleisch müssen die Daten mit der beigesetzten, eingeklammerten Zahl multipliziert werden.

	bestandteile in Gramm				Mineralbestandteile in Milligrammäquivalenten											
	Fe₂O₃	P₂O₅	SO₃	Cl	K₂O	Na₂O	CaO	MgO	Fe₂O₃	Basen-summe	P₂O₅	SO₃	Cl	Säuren-summe	Gesamt-summe	
197	0,0013	0,0411	0,1005	0,0205	3,93	1,84	0,47	0,62	0,05	+6,91	1,74	2,51	0,58	—4,83	+2,08	197
198	0,0021	0,0992	0,3738	0,1079	13,69	1,90	2,29	4,10	0,08	22,06	4,19	9,33	3,04	16,56	+5,50	198
199	0,0132	0,0871	0,0317	0,0136	2,67	0,89	1,46	1,09	0,50	6,61	3,68	0,79	0,38	4,85	+1,76	199
200	0,0455	0,2653	0,0813	0,0426	24,66	2,01	8,08	5,78	1,71	42,24	11,20	2,03	1,20	14,43	+27,81	200
201	0,0010	0,0051	0,0381	0,0050	0,79	1,08	0,63	0,20	0,04	2,74	0,22	0,95	0,14	1,31	+1,43	201
202	0,0022	0,0294	0,3940	0,0006	2,31	0,17	1,35	0,79	0,08	4,70	1,24	9,84	0,02	11,10	—6,40	202
203	0,0011	0,0228	(0!)	(0!)	1,63	0,34	1,06	0,54	0,04	3,61	0,96	(0!)	(0!)	(0,96)	+(2,65)	203
204	0,0043	0,0167	0,1536	0,0004	2,07	0,10	3,89	0,51	0,16	6,73	0,71	3,84	0,01	4,56	+2,17	204
205	0,0009	0,0644	0,0287	0,0011	6,20	0,98	2,82	1,08	0,03	11,11	2,72	0,72	0,03	3,47	+7,64	205
206	0,0010	0,0575	0,0194	0,0009	4,17	1,94	1,73	0,98	0,04	8,86	2,43	0,48	0,03	2,94	+5,92	206
207	0,0004	0,0869	0,0395	0,0008	7,19	3,15	0,50	1,58	0,02	12,44	3,67	0,99	0,02	4,68	+7,76	207

	Außerdem enthielt	Gramm				Milliäquivalente				totale			
		(NH₄)O	Mn₃O₄	Al₂O₃	N₂O₅	(OH₄)O	Mn₃O₄	Al₂O₃	N₂O₅	Basen-summe	Säuren-summe	Gesamt-summe	
202	°) Preißelbeeren (Vaccin. Vit. idaeus) (1,0199*)	0,0276	0,0006	(0,0001	0,0278	1,06	0,02	(0,01	0,51	6,30	11,10	—4,80	202
204	') Moosbeeren (1,0199*)	0,0029	0,0081	(0,0001	0,0282	0,11	0,31	(0,01	0,52	7,68	4,56	+3,12	204
207	") Stachelbeeren, gewöhn-liche, rote (1,0081*)	0,0123	0,0219	Spur	0,0212	0,47	0,83	Spur	0,39	14,13	4,68	+9,45	207

eßbaren Anteiles (Fruchtfleisches), aber auf ganze, kern- und schalenhaltige Frucht berechnet. Zum Um-
²) Mittel von 2 Analysen. ³) Inklusive Kerne! ⁴) Mittel von 8 gut übereinstimmenden Analysen!

	Substanz	Organische Nährstoffe in g							Mineral-				
		Wasser	Elweiß	Fett	Kohlenhydrate	Rohfaser	Purinkörper	Reine Kalorien	K₂O	Na₂O	CaO	MgO	
208	Johannisbeeren, rote (1,039*)ᵃ)¹)	82,2	0,3	—	5,2	6,1	—	22	0,1322	0,0009	0,0123	0,0084	208
209	Johannisbeeren, weiße (1,036*)ᵇ)	81,2	0,4	—	7,3	6,3	—	31	0,3181	0,0030	0,0053	0,0082	209
210	Johannisbeeren, schwarze (1,029*)ᶜ)	76,8	1,0	—	13,3	5,4	—	58	0,3174	0,0030	0,0147	0,0170	210
211	Weintrauben, ohne Kämme (1,0119*)	79,1	0,5	—	17,4	2,2	0	72	0,5411	0,0802	0,0457	0,0243	211
212	Rosinen, ohne Kämme (1,0323*)	24,5	1,8	—	62,6	7,1	—	259	0,9521	0,1558	0,1165	0,1102	212
213	Korinthen, ohne Kämme (1,0558*)	25,3	0,9	—	67,9	7,8	—	276	0,9974	0,1054	0,0530	0,0627	213
214	Brombeeren, ganze Frucht	85,4	1,0	—	7,4	0,8	—	35	0,2000	—	0,0890	0,0530	214
215	Himbeeren, ganze Frucht	85,0	1,0	—	6,6	1,5	—	31	0,2160	—	0,0700	0,0530	215
216	Himbeersaft ᵈ)	48,7	0,2	0,0	43,0	0,0	—	173	0,1245	0,0139	0,0233	0,0130	216
217	Apfelsinen, Orangen (1,779*)	47,4	0,4	—	6,0	4,0	0	26	0,3018	0,0033	0,1166	0,0264	217
218	Mandarinen (1,582)*)	55,3	0,5	—	5,4	4,2	—	24	0,3477	0,0014	0,1065	0,0401	218
219	Zitronen, Limonen (1,616*)	51,1	0,4	—	6,0	3,7	—	25	0,3403	0,0025	0,1135	0,0287	219
220	Granatäpfel, Fruchtfleisch (1,2303*)ᵉ	79,3	0,9	4,5	15,9	0,8	—	68	0,0611	0,0924	0,0124	0,0069	220

	Außerdem enthielt	Gramm				Milliäquivalente				totale			
		(NH₄)₂O	Mn₃O₄	Al₂O₃	N₂O₅	(NH₄)₂O	Mn₃O₄	Al₂O₃	N₂O₅	Basensumme	Säuresumme	Gesamtsumme	
208	ᵃ) Johannisbeeren, rote (1,039*)	0,0099	0,0126	0,0001	0,0243	0,38	0,48	0,01	0,45	5,02	2,60	+2,42	208
209	ᵇ) Johannisbeeren, weiße (1,036*)	0,0112	0,0152	0,0001	0,0233	0,43	0,58	0,01	0,43	8,95	3,07	+5,88	209
210	ᶜ) Johannisbeeren, schwarze (1,029*)	0,0142	0,0392	0,0002	0,0371	0,55	1,49	0,01	0,69	10,94	5,04	+5,90	210

¹) Die Angaben beziehen sich, wo nicht anders ausdrücklich vermerkt ist, nur auf den Gehalt des berechnet. Zum Umrechnen auf Fruchtfleisch müssen die Angaben mit den vorgesetzten, eingeklammerten dem 84,5 g Schale und 2,3 g Kerne. ᵃ) Außerdem 35,2 g Schale und 2,9 g Kerne. ᵉ) Außerdem 18,72 g Schale

	bestandteile in Gramm			Mineralbestandteile in Milligrammäquivalenten											
	Fe_2O_3	P_2O_5	SO_3	Cl	K_2O	Na_2O	CaO	MgO	Fe_2O_3	Basensumme	P_2O_5	SO_3	Cl	Säurensumme	Gesamtsumme
208	0,0001	0,0217	0,0630	0,0039	2,81	0,03	0,44	0,42	0,004	+3,70	0,92	1,57	0,11	2,60	+1,10	208
209	0,0014	0,0258	0,0731	0,0053	6,75	0,10	0,19	0,41	0,05	7,50	1,09	1,83	0,15	3,07	+4,43	209
210	0,0001	0,0529	0,1104	0,0019	6,74	0,10	0,52	0,84	0,004	8,20	2,23	2,76	0,05	5,04	+3,16	210
211	0,0096	0,1676	0,0405	0,0149	11,49	0,97	1,63	1,21	0,36	15,66	7,08	1,01	0,42	8,51	+7,15	211
212	0,0290	0,3516	0,1246	0,1026	20,21	5,03	4,15	5,47	1,09	35,95	14,85	3,11	2,89	20,85	+15,10	212
213	0,0104	0,4133	0,1035	0,0587	21,18	3,40	1,89	3,11	0,39	29,97	17,45	2,59	1,66	21,70	+8,27	213
214	—	0,0690	—	—	4,25	—	3,17	2,63	—	(10,05)	2,91	—	—	(2,91)	+(7,14)	214
215	—	0,1050	—	—	4,59	—	2,50	2,63	—	(9,72)	4,43	—	—	(4,43)	+(5,29)	215
216	0,0030	0,0342	0,0853	0,0217	2,64	0,45	0,83	0,64	0,11	4,67	1,44	2,13	0,61	4,18	+0,49	216
217	0,0124	0,0541	0,0200	0,0025	6,41	0,11	4,16	1,31	0,47	12,46	2,28	0,50	0,07	2,85	+9,61	217
218	0,0520	0,0687	0,0170	0,0029	7,38	0,05	3,80	1,99	1,95	15,17	2,90	0,42	0,08	3,40	+11,77	218
219	0,0152	0,0701	0,0165	0,0028	7,23	0,08	4,05	1,42	0,57	13,35	2,96	0,41	0,08	3,45	+9,90	219
220	0,0005	0,0193	0,0016	0,0026	1,30	2,98	0,44	0,34	0,02	5,08	0,82	0,04	0,07	0,93	+4,15	220

Außerdem enthielt	Gramm				Milliäquivalente				totale			
	$(NH_4)_2O$	Mn_3O_4	Al_2O_3	N_2O_5	$(NH_4)_2O$	Mn_3O_4	Al_2O_3	N_2O_5	Basensumme	Säurensumme	Gesamtsumme	
16 d) Himbeersaft,	0,0000	0,0149	0,0013	0,0055	0,00	0,57	0,08	0,10	5,42	4,18	+1,24	216
20 e) Granatäpfel, Fruchtfleisch (1,2303*)	0,0224	0,0018	Spur	0,0029	0,86	0,07	Spur	0,05	6,06	0,93	+5,13	220

eßbaren und verdaulichen Anteiles (Fruchtfleisches), aber auf ganze (schale- und kernhaltige) Frucht Zahlen vervielfacht werden. ¹) Inklusive Kerne! ³) Außerdem 42,3 % Schale und 1,5 % Kerne. ⁴) Außer- und Perikarp und 3,12 g Kerne.

	Substanz	Organische Nährst. in g							Mineral-				
		Wasser	Eiweiß	Fett	Kohlenhydrate	Rohfaser	Purinkörper	Reine Kalorien	K_2O	Na_2O	CaO	MgO	
221	Granatäpfel, 100 g Fleisch mit Kernen (1,2300*) a) 1)	—	—	—	—	—	—	—	0,0914	0,0991	0,0226	0,0156	221
222	Ananas (1,5)	57,5	0,2	—	7,8	—	—	32	0,1340	0,0242	0,0326	0,0236	222
223	Bananen (1,5*)	50,3	0,7	—	12,2	0,4	0	53	0,2896	0,0487	0,0143	0,0350	223
224	Oliven (1,1333*)	22,6	2,8	35,0	6,7	—		366	1,1366	0,1058	0,1048	0,0026	224
225	Hagebutten, getrocknete	12,5	2,7	0,7	62,2	11,6	—	269	0,6174	0,0629	0,0703	0,2029	225
	Nüsse.1)												
226	Walnüsse (2,5*) b)	2,9	4,7	21,0	4,4	1,2	0	236	0,2118	0,0274	0,0813	0,0612	226
227	Kokosnüsse, Fruchtfleisch	5,8	6,2	60,3	10,5	4,1	—	633	0,7209	0,0981	0,0826	0,0981	227
228	Haselnüsse (2,0*) c) 2)	3,6	6,1	28,2	3,1	1,6	0	304	0,3724	0,0126	0,2003	0,1159	228
229	Paranüsse (2,0*) d) 2)	3,0	5,4	30,5	1,6	1,6	—	317	0,3680	0,0208	0,3383	0,1375	229
230	Erdnüsse (1,316*) e) 2)	5,7	14,7	30,4	10,0	1,8	—	394	0,5094	0,0403	0,1558	0,1839	230
231	Mandeln, süße (Krach-) (1,777*) f)	3,6	8,4	27,0	6,3	2,1	0	318	0,5640	0,0173	0,3054	0,1562	231
232	Zedernüsse, Zirbelkiefersamen (1,333*)	6,8	3,2	37,8	16,7		—	434	0,4712	0,1823	0,3393	0,1001	232

	Außerdem enthielt	Gramm				Milliäquivalente				totale			
		$(NH_4)_2O$	Mn_3O_4	Al_2O_3	N_2O_5	$(NH_4)_2O$	Mn_3O_4	Al_2O_3	N_2O_5	Basensumme	Säurensumme	Gesamtsumme	
221	a) Granatäpfel, Fruchtfleisch und Kerne (1,2300*)	0,0224	0,0025	Spur	0,0028	0,86	0,10	Spur	0,05	7,75	3,22	+4,53	221
226	b) Walnüsse (2,5*)	0,0170	0,0089	0,0034	0,0168	0,65	0,34	0,20	0,31	12,89	20,61	−7,72	226
228	c) Haselnüsse (2,0*)	0,0159	0,0227	0,0008	0,0206	0,61	0,86	0,02	0,38	24,04	24,25	−0,21	228

1) Die Angaben beziehen sich, wo nicht anders ausdrücklich vermerkt ist, nur auf den Gehalt berechnet. Zum Umrechnen auf Fruchtfleisch müssen die Angaben mit den vorgesetzten, eingeklammerten

	bestandteile in Gramm				Mineralbestandteile in Milligrammäquivalenten										
	Fe₂O₃	P₂O₅	SO₄	Cl	K₂O	Na₂O	CaO	MgO	Fe₂O₃	Basen-summe	P₂O₅	SO₃	Cl	Säuren-summe	Gesamt-summe
1	0,0005*	0,0323*	0,0717*	0,0026*	1,94	3,20	0,81	0,77	0,02	+6,74	1,36	1,79	0,07	— 3,22	+ 3,52	221
2	0,0042	0,0146	0,0442	0,0288	2,85	0,78	1,16	1,17	0,16	6,12	0,62	1,10	0,81	2,53	+ 3,59	222
3	0,0176*	0,0653*	0,0475*	0,0815*	6,15	1,57	0,51	1,74	0,66	10,63	2,76	1,19	2,30	6,25	+ 4,38	223
4	0,0101	0,0187	(0,0148)	0,0026	24,13	3,41	3,74	0,13	0,38	31,79	0,79	(0,37)	0,07	(1,23)	+30,56	224
5	0,0136	0,2458	0,0958	0,0079	13,11	2,03	2,51	10,06	0,51	28,22	10,38	2,39	0,22	12,99	+15,23	225
6	0,0018*	0,3729*	0,1490*	0,0404*	4,50	0,88	2,90	3,04	0,07	11,39	15,75	3,27	1,14	20,61	− 9,22	226
7	0,0309	0,3549	(0,0651)	0,2391	15,31	3,16	2,95	4,87	1,16	27,45	14,99	(1,63)	6,74	(23,36)	+(4,09)	227
8	0,0256*	0,4052*	0,2481*	0,0334*	7,91	0,41	7,14	5,75	0,96	22,17	17,11	6,20	0,94	24,25	− 2,08	228
9	0,0044*	0,7368*	0,2407*	0,0466*	7,81	0,67	12,06	6,82	0,17	27,53	31,11	6,01	1,30	38,42	−10,89	229
30	0,0347*	0,8124*	0,3090*	0,0874*	10,82	1,30	5,56	9,12	1,30	28,10	34,31	7,72	2,46	44,49	−16,39	230
31	0,0032*	0,5864*	0,3233*	0,0226*	11,97	0,56	10,89	7,75	0,12	31,29	24,76	8,08	0,64	33,48	− 2,19	231
32	0,0133	0,6457	(0,0191)	(Spur)	10,00	5,88	12,10	4,97	0,50	33,45	27,27	(0,48)	(Spur)	(27,75)	+(5,70)	232

Außerdem enthielt	Gramm				Milliäquivalente							
	(NH₄)O	Mn₃O₄	Al₂O₃	N₂O₅	(NH₄)O	Mn₃O₄	Al₂O₃	N₂O₅	totale Basen-summe	Säuren-summe	Gesamt-summe	
d) Paranüsse (2,0*)	0,0087*	0,0291*	0,0048*	0,0187	0,33	1,11	0,28	0,35	29,60	38,42	−8,82	229
e) Erdnüsse (1,316*)	0,0187*	0,0415*	0,0001*	0,0748	0,72	1,58	0,01	1,38	31,79	44,49	−12,70	230
f) Mandeln, süße (Krach-) (1,777*)	0,0109*	0,0146*	0,0063*	0,0109	0,42	0,55	0,37	0,20	32,83	33,48	−0,65	231

des eßbaren und verdaulichen Anteiles (Fruchtfleisches), aber auf ganze (schale- und kernhaltige) Frucht Zahlen vervielfacht werden.   ²) Mittel von 2 Analysen.

	Substanz	Organische Nährstoffe in g						Reine Kalorien	Mineral-				
		Wasser	Eiweiß	Fett	Kohlenhydrate	Rohfaser	Purinkörper		K₂O	Na₂O	CaO	MgO	
233	Bucheckern (1,5*)¹)	6.5	10,7	19,1	15,7	2,5	—	292	0,4174	0,1268	0,4475	0,3444	233
234	Kastanien, Maronen (1,1976*)⁴)	39.2	3,6	3.1	28,0	1.3	—	158	0,5173	0,0725	0,0394	0,0761	234
235	Roßkastanien (1,205')	12,3	4,0	1.2	47,9	2.2	—	256	1.0797	Spur	0,0805	0,1047	235
236	Eicheln (1,1905*)	12.6	3,5	1,1	48,2	4,1	—	220	0.7611	0,0074	0,0810	0,0620	236
237	Wassernüsse, geschälte, frische	38.5	7,6	0.2	40,0	1.2	—	198	0.7740	0,0251	0,1260	0,2497	237

Pilze.

	Substanz	Wasser	Eiweiß	Fett	Kohlenhydrate	Rohfaser	Purinkörper	Reine Kalorien	K₂O	Na₂O	CaO	MgO	
238	Champignons, frische	89,7	3,4	0.1	2.9	0.8	0,005	29	0,2773	0,0924	0,0041	0,0029	238
239	Eierschwämme (Pfifferlinge, Kantharellen), frische	91,4	2,0	0.3	3,0	1,0	0,018	24	0,4101		0,0103	0,0154	239
240	Reizker, frische	88,8	2,2	0,5	2,5	3,6	—	25	0,3898		0,0090	0,0140	240
241	Steinpilze	87,1	3,8	0,2	4,1	1,0	0,018	37	0.6966	0,0276	0,0379	0,0249	241
242	Morcheln, Speise-	89.9	2,3	0,3	3,6	0.8	0,011	28	0,4664	0,0032	0,0150	0,0179	242
243	Morcheln, Spitz-	90,0	2,4	0,1	3,7	0,9	—	27	0,4136	0,0032	0,0155	0,0389	243
244	Lorcheln, Speise-	89,5	2,2	0,1	4,3	0,7	—	29	0,4779	0,0218	0,0074	0,0120	244
245	Trüffeln, deutsche (Tuber cibarium), frische	77,1	5,3	0.3	5,3	6,4	—	49	1.0788	0,0320	0,0985	0,0466	245
246	Truffeln, weiße (T. magnat.), frische	78,6	3,2	0.3	8,4		—	52	0.4786	0,2068	0,0319	0,0391	246
247	Trüffeln, schwarze (T. melanospor.), frische	75,0	3,0	0,2	11,0		—	60	0,5871	0,1908	0,0293	0,0606	247

234 *) Kastanien, Maronen (1,1976*) enthielten außerdem 0,0289 g $(NH_4)_2O$, 0,0201 g Mn_2O_3, 0,0002 g 0,45 mg-Äqu. N_2O_5; totale Basensumme = 20,87, totale

¹) Die Angaben beziehen sich, wo nicht anders ausdrücklich vermerkt ist, nur auf den Gehalt des rechnet. Zum Umrechnen auf Fruchtfleisch müssen die Angaben mit den vorgesetzten, eingeklammerten

bestandteile in Gramm				Mineralbestandteile in Milligrammäquivalenten											
Fe₂O₃	P₂O₅	SO₄	Cl	K₂O	Na₂O	CaO	MgO	Fe₂O₃	Basen-summe	P₂O₅	SO₃	Cl	Säuren-summe	Gesamt-summe	
0,0239	0,0759	(0,0596)	0,0594	8,86	4,09	15,96	17,08	0,90	+46,89	3,21	(1,49)	1,68	−(6,38)	+(40,51)	233
0,0014	0,1845	(0,0392)	(0,0053)	10,98	2,34	1,40	3,77	0,05	18,54	7,79	(0,98)	(0,15)	(8,92)	+(9,62)	234
Spur	0,4468	(0,0398)	(0,0158)	22,92	Spur	2,87	5,19	Spur	30,98	18,87	(0,99)	(0,45)	(20,31)	+(10,67)	235
0,0118	0,1746	(0,0489)	0,0207	16,16	0,24	2,89	3,08	0,44	22,81	7,37	(1,22)	(0,58)	(9,17)	+(13,64)	236
0,0073	0,7930	(0,0290)	(0,0126)	16,43	0,81	4,49	12,39	0,27	34,39	33,49	(0,72)	(0,36)	(34,57)	−(0,18)	237
0,0063	0,0844	0,1329	0,0250	5,89	2,98	0,15	0,14	0,24	9,40	3,56	3,32	0,71	7,59	+1,81	238
0,0292	0,0970	0,0952	Spur	8,71		0,37	0,76	1,10	10,94	4,10	2,38	Spur	6,48	+4,46	239
0,0090	0,1663	0,0180	Spur	8,28		0,32	0,70	0,34	9,64	7,02	0,45	Spur	7,47	+2,17	240
0,0116	0,2542	0,1167	0,0220	14,79	0,89	1,35	1,24	0,44	18,71	10,74	2,91	0,62	14,27	+4,44	241
0,0175	0,3677	0,0272	0,0084	9,90	0,10	0,53	0,89	0,66	12,08	15,53	0,68	0,24	16,45	−4,37	242
0,0041	0,3335	0,0749	0,0159	8,78	0,10	0,55	1,93	0,16	11,52	14,08	1,87	0,45	16,40	−4,88	243
0,0095	0,3707	0,0150	0,0072	10,15	0,70	0,26	0,60	0,36	12,07	15,66	0,37	0,20	16,23	−4,16	244
0,0101	0,6559	(0,0233)	0,0182	22,90	1,03	3.51	2,31	0,38	30,13	27,70	(0,58)	0,51	(28,79)	(+1,34)	245
0,0455	0,5972	0,0752	0,0131	10,16	6,67	1,14	1,94	1,71	21,62	25,22	1,88	0,37	27,47	−5,85	246
0,0470	0,7242	0,1674	Spur	12,46	6,16	1,04	3,01	1,77	24,44	30,58	4,18	Spur	34,76	−10,32	247

Al_2O_3, 0,0244 g N_2O_5, 1,11 mg-Äqu. $(NH_4)_2O$, 0,76 mg-Äqu. Mn_2O_3, 0,01 mg-Äqu. Al_2O_3, **234** Säurensumme = (8,92), totale Gesamtsumme = +(11,95).

eßbaren und verdaulichen Anteiles (Fruchtfleisches), aber auf ganze (schale- und kernhaltige) Frucht be-Zahlen vervielfacht werden.

Substanz	Organische Nährst. in g							Mineralbestandteile				
	Wasser	Eiweiß	Fett	Kohlenhydrate	Rohfaser	Purinkörper	Reine Kalorien	K_2O	Na_2O	CaO	MgO	Fe_2O_3
Extrakte, Nährmittel.												
248 Fleischextrakt, Liebig	20,5	60,2	0,2	—	0	0,648	293	8,7970	2,7911	0,1132	0,6606	0,0587
249 Fleischextrakt, Kemmerich	17,7	60,2	0,2	—	0	—	293	9,2320	2,4428	0,1913	0,6931	0,0574
250 Fleischextrakt, Cibil	65,8	16,2	0,4	—	0	0,148	82	6,2197	3,1194	Spur	0,3761	Spur
251 Fleischextrakt, Puro	50,4	40,0	1,2	—	0	—	205	3,92	1,43	0,037	0,249	0,053
252 Nährsalzextrakt, Dr. Lahmanns	26,9	11,4	—	41,0	—	—	219	3,9900	1,4265	2,1000	0,6600	0,4740
253 Plasmon	11,9	67,4	0,6	9,6	0	—	370	0,0532	0,1735	0,3379	0,0166	Spur
254 Hämatin-Albumin Feustell	8,7	84,1	0,3	2,2	0	—	418	0,028	0,134	0,253	0,047	0,357
255 Roborin	6,7	74,3	0,1	3,3	0	—	374	1,0080	1,3975	5,7058	0,1285	0,5236
256 Roborat	9,5	76,5	2,2	2,9	0,2	—	402	0,0940	0,6310	0,1439	—	Spur
257 Sitogen	28,3	14,1	0,7	8,3	0	1,142	108	2,4553	6,4510	0,1476	0,5592	0,1622
258 Soya, Japan- (Shimosa)	63,3	4,6	0,5	8,5	—	—	61	3,0650	6,0149	0,7265	0,6813	—
259 Soya ¹)²)	71,6	7,8	0,0	1,9	0,0	—	45	0,5328	7,6182	0,0985	0,2848	0,0057
Kraftmehle.												
260 Weiberzahns präpariertes Hafermehl	7,4	9,9	3,3	67,6	0,3	—	336	0,139	0,044	0,024	0,046	—
261 Knorrs präpariertes Hafermehl	9,1	11,6	3,5	63,4	0,2	—	342	0,3803	0,0960	0,0598	0,1145	0,0300
262 Hohenlohes Haferflocken	13,5	12,7	2,8	58,0	1,6	—	320	0,21	0,13	0,07	0,28	—
263 Quäker Oats	13,6	12,7	2,7	58,0	1,5	—	320	0,21	0,16	0,08	0,23	—
264 Freys Krafthafermehl	11,4	29,0	2,5	40,3	0,3	—	325	0,182	0,055	0,095	0,115	—
265 Knorrs präparierte Hafergrütze	8,1	13,3	2,8	64,2	—	—	346	0,5088	Spur	0,1271	0,2098	—

259 ²) Soya, Hewel & Veithen, enthielt noch 0,2711 g = 10,41 mg-Äqu. $(NH_4)_2O$; 0,0309 g
totale Basensumme = **287,59** mg-Äqu.; totale Säuresumme

¹) Aschenanalyse von Prof. Dr. Kassner (Münster). ²) Von Hewel & Veithen, Köln.

in Gramm			Mineralbestandteile in Milligrammäquivalenten											
P₂O₅	SO₃	Cl	K₂O	Na₂O	CaO	MgO	Fe₂O₃	Basensumme	P₂O₅	SO₃	Cl	Säurensumme	Gesamtsumme	
								+				−		
48 6,3057	0,4299	2,0802	186,77	90,04	4,04	32,77	2,21	315,83	266,29	10,74	58,66	335,69	−19,86	248
49 6,8755	0,3407	1,8539	195,99	78,80	6,82	34,38	2,16	318,17	290,35	8,51	52,28	351,14	−32,97	249
50 4,4348	0,1785	3.6948	132,05	100,63	Spur	18,66	Spur	251,34	187,28	4,46	104,20	295,94	−44.60	250
51 3,13	1,19	1,2	83,23	46,13	1,32	12,35	1,99	145,02	132,18	29,72	33,84	195,74	−50,72	251
52 1,6230	1,8105	1,7565	84,71	46,02	74,88	32,74	17,81	256,16	68,54	45,22	49,53	163,29	+92,87	252
53 0,3988	0,0168	0.0176	1,13	5,60	12.05	0,82	Spur	19.60	16,84	0,42	0,50	17,76	+1,84	253
54 0,19	1,651	0,077	0,59	4,32	9,02	2,33	13,41	29,67	8,02	41,24	2,17	51,43	−21,76	254
55 0,2721	0,6789	1,7181	21,40	45,08	203,45	6,37	19,67	295,97	11,49	16,96	48,45	76,90	+219.07	255
56 0,5099	—	0,0031	2,00	20,36	5,13	—	Spur	27,49	21,53	—	0,09	21,62	+5,87	256
57 5,4406	0,4449	5,0769	52,13	208,10	5,26	27,74	6,09	299,32	229,76	11,11	143,17	384,61	−84.72	257
58 0,4630	0,4961	9.2294	65,07	194,03	25,90	33,80	—	318.80	19,55	12,39	260,28	292,22	+26.58	258
59 0.5015	0,4684	7,6885	11,31	245,75	3,51	14,13	0,21	274,91	21,18	11,70	216,82	249,70	+25,21	259
60 (0,183)	(0,002)	(0,016)	2,95	1,42	0,86	2,28	—	7,51	(7,73)	(0.05)	(0,45)	(8,23)	−(0,72)	260
61 0,6099	(0!)	0,0860	8,07	3,10	2,13	5,68	1,13	20,11	25,76	(0!)	2,43	(28,19)	−(8,08)	261
62 1.05	—	0,05	4,46	4,19	2,50	13,89	—	25,04	44.34	—	1.41	15,75	−20.71	262
63 0,95	—	0,05	4,46	5,16	2,85	11,41	—	23,88	40,12	—	1.41	11,53	−17,65	263
64 (0,245)	(0,023)	(0,047)	3,86	1,77	3,39	5,70	—	14,72	(10,35)	(0,58)	(1,33)	(12,26)	(+2,46)	264
65 0,9633	(0!)	(0,0320)	10,80	Spur	4.53	10.41	—	25,74	40.68	(0!)	0,90	(41,58)	−(15,84)	265

= 1,36 mg-Äqu. Mn_2O_3; Spur g = Spur mg-Äqu. Al_2O_3; 0,0489 g = 0,91 mg-Äqu. N_2O_5; 259
= 249,70 mg-Äqu.; totale Gesamtsumme = +37,89 mg-Äqu.

Berg, Nahrungs- und Genußmittel.   4

	Substanz	Organische Nährstoffe in g							Mineral-			
		Wasser	Eiweiß	Fett	Kohlen-hydrate	Rohfaser	Purin-körper	Reine Kalorien	K_2O	Na_2O	CaO	MgO
266	Präparierte Hafergrütze, Rossing-Mühle	9,4	13,9	2,4	61,0	1,5	—	333	0,40	0,18	0,28	0,25	266
267	Gewalzte Haferkerne, Rossing-Mühle	11,2	14,3	2,5	58,8	1,4	—	327	0,49	0,17	0,26	0,25	267
268	Knorrs präpariertes Reismehl	13,0	6,6	0,5	73,4	Spur	—	330	0,084	0,041	0,011	0,029	268
269	Theinhardts Hygiama	4,3	18,5	8,7	56,3	1,5	—	385	0,76	0,70	0,40	0,20	269
270	Knorrs Erbsenmehl	11,0	21,7	0,7	54,3	1,3	—	329	1,0986	0,0905	0,1076	0,2232	270
271	Gerstenmalz	6,6	9,2	0,7	61,1	5,8	—	295	0,3514	0,1196	0,1220	0,2025	271
272	Roggenmalz	7,0	10,1	0,7	63,3	6,1	—	308	0,2700	0,1058	0,1253	0,1793	272
273	Weizenmalz	8,5	10,3	0,6	62,2	6,1	—	304	0,1832	0,0619	0,0813	0,1084	273
274	Hafermalz	7,1	10,0	2,2	53,3	7,8	—	282	0,3482	0,1241	0,1641	0,1681	274
	Kindermehle.												
275	Nestlés Kindermehl	6,0	8,5	4,1	73,1	0,3	—	371	0,6652	0,1216	0,2788	0,0095	275
276	Epprechts Kindermehl	10,5	12,9	9,4	59,6	Spur	—	388	0,418	0,291	0,676	0,053	276
277	Mufflers steril. Kindernahrung	5,6	12,2	5,2	66,7	0,3	—	374	0,129	0,040	0,906	0,012	277
278	Löflunds Kindernahrung	30,6	3,1	Spur	62,7	Spur	—	266	0,475	0,053	0,023	0,080	278
279	Löflunds Kindermilch, peptonisiert	22,5	9,5	9,3	53,7	—	—	348	0,622	0,586	0,373	0,104	279
280	Woltmers Muttermilch	22,1	8,7	8,2	50,5	0	—	330	0,656	0,596	0,744	0,087	280
281	Liebes Nahrungsmittel in löslicher Form	23,8	4,7	Spur	68,2	—	—	295	0,674	0,021	0,054	0,007	281
282	Kufekes Kindermehl	8,4	10,6	1,2	68,9	0,6	—	338	0,658	0,268	0,046	0,101	282
283	Rademanns Kindermehl	5,6	12,0	5,0	64,4	0,7	—	363	0,441	0,194	1,080	0,192	283
284	Robinsons Patent Groats	7,4	11,4	9,4	60,2	0,7	—	383	0,380	0,017	0,112	0,107	284
285	Löflunds Milchzwieback	5,7	11,0	5,8	67,1	0,3	—	376	0,365	0,436	0,612	0,057	285

	bestandteile in Gramm			Mineralbestandteile in Milligrammäquivalenten										
Fe₂O₃	P₂O₅	SO₃	Cl	K₂O	Na₂O	CaO	MgO	Fe₂O₃	Basen-summe	P₂O₅	SO₃	Cl	Säuren-summe	Gesamt-summe
6 —	I 1,37	—	I 0,16	8,49	5,80	9,98	12,40	—	+ 36,67	57,86	—	4,51	62,37	— 25,70 266
7 —	I 1,30	—	I 0,21	10,40	5,48	9,27	12,40	—	37,55	54,90	—	5,92	60,82	— 23,27 267
8 —	I 0,134	I Spur	I 0,010	1,78	1,32	0,39	1,44	—	4,93	5,66	Spur	0,28	5,94	— 1,01 268
I 0,05	I 1,08	0,10	I 0,34	16,14	22,58	14,26	9,92	1,88	64,78	45,61	2,50	9,59	57,70	+ 7,08 269
—	I 0,8209	I (0,1017)	—	23,33	2,92	3,84	11,07	—	41,16	34,67	(2,54)	—	(37,21)	(+ 3,95) 270
I 0,0342	I 0,7614	I (0,0317)	I 0,0195	7,46	3,86	4,35	10,05	1,28	27,00	32,15	(0,79)	0,55	33,49	— 6,49 271
I 0,0324	I 0,7149	I (0,0259)	I 0,0389	5,73	3,41	4,47	8,89	1,22	23,72	30,19	(0,65)	1,10	31,94	— 8,22 272
I 0,0155	(0,4709)	(0,0129)	I 0,0142	3,89	2,00	2,90	5,38	0,58	14,75	19,89	(0,32)	0,40	20,61	— 5,86 273
I 0,0200	(0,5562)	(0,0240)	0,0360	7,39	4,00	5,85	8,34	0,75	26,33	23,49	(0,60)	1,02	(25,11)	(+ 1,22) 274
IV 0,0040	IV 0,3477	IV 0,0733	IV 0,2167	14,12	3,92	9,94	0,47	0,16	28,61	14,68	1,83	6,11	22,62	+ 5,99 275
—	I 0,513	I 0,045	I 0,235	8,87	9,39	24,10	2,63	—	44,99	21,66	1,12	6,63	29,41	+ 15,58 276
—	0,953	Spur	0,025	2,74	1,29	32,30	0,60	—	36,93	40,24	Spur	0,71	40,95	— 4,02 277
—	I 0,491	I 0,025	I 0,045	10,08	1,71	0,82	3,97	—	16,58	20,73	0,62	1,27	22,62	— 6,04 278
—	I 0,863	(0,105)	I 0,396	13,21	18,90	13,30	5,16	—	50,57	36,44	(2,62)	11,17	(50,23)	(+ 0,34) 279
—	0,450	0,115	0,425	13,93	19,23	26,53	4,32	—	64,01	19,00	2,87	11,99	33,86	+ 30,15 280
—	I 0,379	I 0,164	I 0,087	14,31	0,68	1,93	0,35	—	17,27	16,01	4,10	2,45	22,56	— 5,29 281
0,0059	I 0,609	I 0,092	I 0,057	13,97	8,65	1,64	5,01	0,22	29,49	25,72	2,30	1,61	29,63	— 0,14 282
—	I 1,100	I 0,078	I 0,018	9,36	6,26	38,51	9,52	—	63,65	46,45	1,95	0,51	48,91	+ 14,74 283
—	I 0,949	I 0,011	I Spur	8,07	0,57	3,99	5,31	—	17,92	40,08	0,27	Spur	40,35	— 22,43 284
—	I 0,721	I 0,058	I 0,146	7,75	14,06	21,82	2,83	—	46,46	30,45	1,45	4,12	36,02	+ 10,44 285

4*

Kindermehle

Genußmittel,
Getränke

Register

	Substanz	Organische Nährstoffe in g						Reine Kalorien	Mineral-				
		Wasser	Eiweiß	Fett	Kohlenhydrate	Rohfaser	Purinkörper		K₂O	Na₂O	CaO	MgO	
	Genußmittel, Getränke.												
286	Rohrzucker, Rohzucker[1])	I 2,16	I 0,3	—	I 94,6	0	—	I 380	I 0,59	I 0,13	I 0,06	*0,0033	286
287	Kandiszucker, braun	I 2,16	I 0,3	—	I 94,6	0	—	I 380	III 0,3185	III 0,1065	III 0,1907	III 0,1394	287
288	Kakaopulver, gewöhnliches (rein!)	I 5,5	I 8,5	I 26,7	I 32,8	I 5,4	I 1,9	*423	I[2]) 1,1811	I 0,0502	I 0,1914	I 0,6140	288
289	Kakaopulver, aufgeschlossen	I 4,1	I 7,8	I 30,5	I 31,0	I 5,9	I 1,7	*442	I[3]) 4,1677	I 0,1687	I 0,1229	I 0,8235	289
290	Dr. Lahmanns Nährsalzkakao	V 6,0	V 8,8	V 27,6	V 36,7	V 4,2	V 1,8	*444	V[3]) 1,4938	V 0,2607	V 0,2152	V 0,7441	290
291	Schokolade, gewöhnliche	I 1,6	I 2,4	I 20,0	I 58,5	I 1,7	I 0,6	*432	I 0,054	I 0,056	I 0,040	I 0,170	291
292	Dr. Lahmanns Nährsalzschokolade	V 1,4	V 2,4	V 17,7	V 58,5	V 1,0	V 0,4	*410	V[3]) 0,3773	V 0,0603	V 0,0707	V 0,2057	292
293	Kolanuß, geröstet	I 12,2	—	—	—	I 7,9	I 1,7	—	I 0,2594	I Spur	I Spur	I 0,4031	293
294	Tee, trockne Blätter	I 8,5	—	—	—	I 10,6	I 2,8	—	I 1,7876	I 0,3811	I 0,6525	I 0,2720	294
295	Maté, Paraguay-Tee, trockne Blätter	I 6,9	—	—	—	—	I 0,9	—	I[4]) 0,44	I Spur	I 0,14	I 0,46	295
296	Kaffee, geröstet	I 2,4	—	—	—	I 18,1	I 1,2	—	I 0,1945	I Spur	I 0,1958	I 0,3017	296
297	Zichorie, frische Wurzel	III 77,5	—	—	—	—	—	—	III 0,2887	III 0,1182	III 0,0529	III 0,0354	297
					Alkohol								
298	Bier, Salvator, Zacherlbräu	I 86,1	I 0,7	—	I 7,4	I 4,8	—	*74	I 0,0971	I 0,0180	I 0,0068	I 0,0237	298
299	Bier, deutsches, Durchschnitt	I 89,0	I 0,7	—	I 5,5	I 4,3	II 0,002	*56	I 0,1030	I 0,0274	I 0,0085	I 0,0191	299
300	Porter	I 86,5	I 0,6	—	I 5,5	I 5,0	II 0,002	*70	I 0,0697	I 0,1197	I 0,0072	I 0,0017	300
301	Ale	I 88,5	I 0,6	—	I 3,1	I 5,3	II 0,002	*60	I 0,0677	I 0,1176	I 0,0054	I 0,0035	301
302	Traubenmost	I 81,2	I 0,9	—	I 16,0	0	—	*80	I 0,2516	I 0,0147	I 0,0247	I 0,0172	302
303	Weine[7]), weiße, Mosel und Saar	I 90,3	—	—	I 1,6	I 7,4	—	I 60	I 0,0580	I 0,0055	I 0,013	I 0,017	303
304	Weine, weiße, Rhein- u. Maingau	I 89,0	—	—	I 1,9	I 8,1	—	I 67	I 0,0620	—	I 0,017	I 0,016	304
305	Weine, weiße, Rheintal	I 89,6	—	—	I 1,6	I 8,0	—	*63	I 0,049	—	I 0,012	I 0,018	305

[1]) Raffinierter Zucker ist fast aschefrei. [2]) Ohne Pottasche! [3]) Pottasche! [4]) Aufgeschlossen mit 900 g Wasser nach ½ Stunde in Lösung gegangene, auf 100 g Maté berechnete Asche. [7]) Bei den

	bestandteile in Gramm				Mineralbestandteile in Milligrammäquivalenten.											
	Fe₂O₃	P₂O₅	SO₃	Cl	K₂O	Na₂O	CaO	MgO	Fe₂O₃	Basensumme	P₂O₅	SO₃	Cl	Säurensumme	Gesamtsumme	
286	I 0,004	I 0,003	*0,0934	I 0,076	12.53	4,19	2,14	0,16	0,15	+ 19,17	0,13	2,33	2,14	− 4,60	+14,57	286
287	III 0.0851	III 0,0081	III 0,1410	III 0,1716	6,76	3,44	6,80	6,91	3,20	27,10	0,34	3,52	4,84	8,70	+18,41	287
288	I 0,0053	I 1,5282	I 0,1412	I 0,0321	25,08	1,62	6,83	30,46	0,20	64,19	64,54	3,53	0,91	68,98	¹) −4,79	288
289	0,0173	1,9629	0,2014	0,0701	88,49	5,44	4,38	40,85	0,65	139,81	82,89	5,03	1,98	89,90	¹) +49,91	289
290	V 0,1275	V 1,5484	V 0,1260	V 0,0464	31,72	8,41	7,67	36,91	4,79	89,50	65,39	3,15	1,31	69,85	²) +19,65	290
291	I 0,095	I 0,313	I 0,135	I 0,280	1,15	1,81	1,43	8,43	3,57	16,39	13,22	3,37	7,90	24,49	⁴) −8,10	291
292	V Spur	V 0,4329	V 0,0658	V 0,0137	8,01	1,95	2,52	10,20	Spur	22,68	18,28	1,64	0,39	20,31	⁵) +2,37	292
293	I Spur	I 0,6901	I 0,4012	I Spur	5,51	Spur	Spur	20,00	Spur	25,51	29,14	10,02	Spur	39,16	−13,65	293
294	I 0.2127	I 0,7246	I 0,3450	I 0,0804	37,95	12,29	23,27	13,49	7,99	94,99	30,60	8,62	2,27	41,49	+53,50	294
295	I 0,02	I 0,07	I 0,13	I 0,22	9,34	Spur	4,99	22,82	0,75	37,90	2,96	3,25	6,20	12,41	+25,49	295
296	I 0,0202	I 0.4138	I 0.1183	I 0.0283	4,13	Spur	6,98	14,97	0,76	26,84	17,48	2.96	0,80	21,24	+5,60	296
297	III 0,0189	III 0,0941	III 0,0598	III 0,0606	6.13	3,81	1,89	1,76	0,75	14,34	3,97	1.49	1,71	7,17	+7,17	297
298	I Spur	I 0,1000	I 0,0015	I 0,0029	2,06	0,58	0,24	1,18	Spur	4,06	4,22	0,04	0,08	4,34	−0.28	298
299	I 0,0015	I 0,0959	I 0.0106	I 0,0090	2,19	0,88	0,30	0,95	0,06	4,38	4,05	0,27	0,25	4,57	−0,19	299
300	I Spur	I 0,0600	I 0,0183	I 0,0228	1,48	3,86	0,26	0,08	Spur	5,68	2,53	0,46	0,64	3,63	(+2,05)	300
301	I Spur	I 0,0488	I 0.0174	I 0.0259	1.44	3,79	0,19	0,17	Spur	5,59	2.06	0,43	(0,73)	3,22	(+2,37)	301
302	0,0208	0,0495	0,0202	0,0201	5,34	0,47	0,88	0,85	0,78	8,32	2,09	0,50	0,57	3,16	+5,16	302
303	I³) 0,0019	I 0,0330	I 0,0170	I 0,0084	1,23	0,18	0,46	0,84	0,07	2,78	1,39	0,42	0,24	2,05	+0,73	303
304	—	I 0,045	I 0,014	I 0,007	1,32	—	0,61	0,79	—	2,72	1,90	0,35	0,20	2,45	+0,27	304
503	—	I 0,028	I 0,017	I 0,006	1,04	—	0,43	0,89	—	2,36	1,18	0,42	0,17	1,77	+0,59	305

mit Soda? ⁴) Ohne Pottasche oder Soda! ⁵) Die Asche von Maté ist durch Aufbrühen von 30 g Maté Weinen ist gewöhnlich auch Al₂O₃ als Fe₂O₃ mitgezählt worden.

| Substanz | Organische Nährstoffe in g | | | | | | | Mineral- | | | |
	Wasser	Eiweiß	Fett	Kohlen-hydrate	Alkohol	Purin-körper	Reine Kalorien	K_2O	Na_2O	CaO	MgO
306 Weine[1]), weiße, Nahe- u. Glantal	89,6	—	—	1,5	8,2	—	66	0,059	—	0,012	0,015
307 Weine, weiße, Rheinhessen	90,4	—	—	1,5	7,4	—	58	0,075	—	0,010	0,017
308 Weine, weiße, Starkenburg	89,4	—	—	1,4	8,4	—	65	0,076	—	0,0143	0,0125
309 Weine, weiße, Pfalz	89,2	—	—	1,5	8,5	—	68	0,086	—	0,011	0,013
310 Weine, weiße, Franken	90,8	—	—	1,4	7,0	—	57	0,075	—	0,015	0,017
311 Weine, weiße, Bordeaux	87,5	—	—	2,5	9,5	—	79	0,098	0,014	0,010	0,015
312 Weine, weiße, Mittelitalien	85,7	—	—	1,9	11,0	—	86	0,0986	0,0090	0,013	0,003
313 Weine, weiße, Spanien[2])	82,2	—	—	1,9	15,0	—	115	0,1890	0,0140	0,0125	0,0130
314 Weine, weiße, Kaukasus	88,1	0,2	—	1,3	9,5	—	74	0,0910	0,0110	0,0088	0,0128
315 Weine, weiße, Kalifornien	87,3	—	—	1,3	10,6	—	81	0,097	0,0049	0,006	0,0145
316 Rotwein, Rheinhessen	88,6	—	—	1,3	8,8	—	69	0,100	0,004	0,007	0,019
317 Rotwein, Rheingau	87,9	—	—	1,3	9,3	—	75	0,112	—	0,013	0,019
318 Rotwein, Ahrtal	87,6	—	—	1,9	9,5	—	77	0,069	—	0,013	0,019
319 Rotwein, Bordeaux	—	—	—	1,5	8,1	—	66	0,106	—	0,010	0,018
320 Rotwein, Böhmen	88,4	—	—	1,5	9,1	—	71	0,0900	—	0,0078	0,0159
321 Rotwein, Mittelitalien	86,8	—	—	1,7	10,3	—	80	0,0900	0,005	0,009	0,005
322 Rotwein, Spanien[2])	87,1	—	—	1,6	9,9	—	77	0,2163	0,0473	0,0079	0,0134
323 Rotwein, Kaukasus	87,4	—	—	1,5	9,9	—	76	0,104	0,010	0,0093	0,0170
324 Rotwein, Algier	88,7	—	—	1,6	8,9	—	69	0,1420	0,0087	0,011	0,019
325 Rotwein, Kalifornien	87,8	—	—	1,2	9,5	—	73	0,106	0,0035	0,011	0,015
326 Süßweine, weiß, Tokaier d. Handels	66,3	—	—	21,1	9,9	—	159	0,133	0,0097	0,0144	0,0240
327 Süßweine, Ruster-Ausbruch	64,4	—	—	24,2	9,6	—	165	0,166	0,008	0,013	0,020

[1]) Bei den Weinen ist gewöhnlich auch Al_2O_3 als Fe_2O_3 mitgezählt worden!   [2]) Gegipst!

	bestandteile in Gramm			Mineralbestandteile in Milligrammäquivalenten											
	Fe$_2$O$_3$	P$_2$O$_5$	SO$_3$	Cl	K$_2$O	Na$_2$O	CaO	MgO	Fe$_2$O$_3$	Basensumme	P$_2$O$_5$	SO$_3$	Cl	Säurensumme	Gesamtsumme	
06	—	0,039	0,014	0,004	1,25	—	0,43	0,74	—	+2,42	1,65	0,35	0,11	2,11	+0,31	306
07	—	0,025	0,008	0,0009	1,59	—	0,36	0,84	—	2,79	1,06	0,20	0,03	1,29	+1,50	307
08	—	0,0350	0,0302	0,0103	1,61	—	0,51	0,62	—	2,74	1,48	0,75	0,29	2,52	+0,22	308
09	—	0,032	0,022	0,0045	1,83	—	0,39	0,64	—	2,86	1,35	0,55	0,13	2,03	+0,83	309
10	—	0,032	0,022	0,0020	1.59	—	0,53	0,84	—	2,96	1,35	0,55	0,06	1,96	+1,00	310
11	—	0,032	0,036	0,003	2,08	0,45	0,36	0,74	—	3,63	1,35	0,90	0,08	2,33	+1,30	311
12	0,002	0,0341	0,016	0,0114	2,09	0,29	0,46	0,15	0,08	3,07	1,44	0,40	0,32	2,16	+0,91	312
13	—	0,0234	0,1974	0,004	4,01	0,45	0,45	0,64	—	5,55	0,99	4,93	0,11	6,03	−0,48	313
14	—	0,026	0,013	0,0066	1,93	0,34	0.31	0,63	—	3,21	1,10	0,32	0,19	1,61	+1,60	314
15	0,0015	0,0193	0,0433	0,0036	2,06	0,16	0,21	0,72	0,06	3,21	0,82	1,08	0,10	2,00	+1,21	315
16	0,0035	0,041	0,019	0,001	2,12	0,13	0,25	0,94	0,13	3,57	1,73	0,47	0,03	2,23	+1,34	316
17	—	0,048	0,021	0,004	2,38	—	0,46	0,94	—	3,78	2,03	0,52	0,11	2,66	+1,12	317
18	—	0,051	0,009	0,007	1,46	—	0,46	0,94	—	2,86	2,15	0,22	0,20	2,57	+0,29	318
19	—	0,029	0,034	—	2,25	—	0,36	0,89	—	3,50	1,22	0,85	—	2,07	+1,43	319
20	0,0025	0,0405	0,0224	0,0045	1,91	—	0,28	0,79	0,09	3,07	1,71	0,56	0,13	2,40	+0,67	320
21	0,0018	0,0300	0,0180	0,0102	1,91	0,16	0,32	0,25	0,07	2,71	1,27	0,45	0,29	2,01	+0,70	321
22	—	0,0235	0,2091	0,006	4,59	1,53	0,28	0,66	—	7,06	0,99	5,22	0,17	6,38	+0,68	322
23	—	0,023	0,008	0,0070	2,21	0,32	0,33	0,84	—	3,70	0,97	0,20	0,20	1,37	+2,33	323
24	0,0033	0,024	0,048	0,0105	3,01	0,28	0,39	0,94	0,12	4,74	1,01	1,20	0,30	2,51	+2,23	324
25	0,0015	0,0293	0,079	0,0054	2,25	0,11	0,39	0,74	0,06	3,55	1,24	1,97	0,15	3,36	+0,19	325
26	0,0013	0,058	0,044	0,0107	2,82	0,31	0,51	1,19	0,05	4,88	2,45	1,10	0,30	3,85	+1,03	326
27	0,002	0,040	0,037	0,007	3,52	0,26	0,46	0,99	0,08	5,31	1,69	0,92	0,20	2,81	+2,50	327

Register

	Substanz	Organische Nährstoffe in g						Reine Kalorien	Mineral-				
		Wasser	Eiweiß	Fett	Kohlen-hydrate	Alkohol	Purin-körper		K₂O	Na₂O	CaO	MgO	
328	Süßweine, Sherry [1])	79.9	—	—	3,3	16,1	—	129	0.224	0.018	0,015	0,022	328
329	Süßweine, Malaga	65.3	—	—	19,4	12,6	—	172	0,199	—	0,0103	0,030	329
330	Schaumweine, Tokaier Mousseux	79,1	—	—	10.4	9,5	—	104	0,063	0,003	0,012	0,006	330
331	Schaumweine, Kupferberg Gold	83,6	—	—	4,6	10,4	—	91	IV 0,1470	IV Spur	IV Spur	IV 0,0067	331
332	Schaumweine, Champagner, franz.	87,2	—	—	1.9	10,4	—	83	IV 0,1260	IV Spur	IV Spur	IV Spur	332
333	Tresterwein, hessischer	91,8	—	—	1,0	6,3	—	49	0,1123	0,0107	0,075	0,087	333
334	Obstweine, Äpfel	92,0	—	—	1,9	4,4	—	38	0,0800	0,0053	0,0151	0,0440	334
335	Obstweine, Birnen	90,1	—	—	1,3	5.2	—	42	0,169	—	0,0125	0,0137	335
336	Obstweine, Stachelbeeren, süß	76.5	—	—	11,3	10.7	—	115	0,098	0,050	0,012	0,007	336
337	Obstweine, Johannisbeeren, weiße, süß	77,1	—	—	8,8	13,1	—	129	0,1280		0,025	0,006	337
338	Obstweine, Johannisbeeren, rote, süß	76,2	—	—	8,5	13,5	—	126	0,1840		0,021	0,004	338
339	Obstweine, Heidelbeeren, herb, extra alt [4])	76,8	—	—	Spur	12,1	—	87	0,0512	0,0086	0,0132	0,0074	339
340	Eierkognak (Advokat)	38,3	4,21	9.23	33,6	13,9	—	283	IV 0,0685	IV 0,0410	IV 0,0802	IV 0,0131	340

339 [4]) Außerdem enthielt Heidelbeerwein: 0,0015 g = 0,06 mg-Äqu.(NH₄)₂O; 0,0004 g = 0,02 mg-Äqu. summe: 3,06 mg-Äqu.; totale Säuresumme:

[1]) Gegipste Weine.

	__bestandteile in Gramm				Mineralbestandteile in Milligrammäquivalenten											
	Fe_2O_3	P_2O_5	SO_3	Cl	K_2O	Na_2O	CaO	MgO	Fe_2O_3	Basensumme	P_2O_5	SO_3	Cl	Säurensumme	Gesamtsumme	
328	—	I 0,028	I 0,186	I 0,022	4,76	0,58	0,53	1,09	—	+ 6,96	1,18	4,65 [1])	0,62	− 6,45	[1]) +0,51	328
329	I 0,003	I 0,044	I 0,052	—	4,23	—	0,37	1,49	0,11	6,20	1,86	1,30	—	3,16	+3,04	329
330	I 0,0009	I 0,024	I 0,024	I 0,0037	1,34	0,10	0,43	0,30	0,03	2,20	1,01	0,60	0,10	1,71	+0,49	330
331	IV Spur	IV 0,0447	IV 0,0048	IV Spur	3,12	Spur	Spur	0,33	Spur	3,45	1,89	0,12	Spur	2,01	+1,44	331
332	IV 0,0176	IV 0,0270	IV 0,0466	IV 0,0027	2,68	Spur	Spur	Spur	0,66	3,34	1,14	1,16	0,08	2,38	+0,96	332
333	I 0,0009	I 0,0177	I 0,0067	I 0,0092	2,38	0,35	2,67	4,32	0,03	9,75	0,75	0,17	0,26	1,18	+8,57	333
334	I 0,0160	I 0,0130	I 0,0012	I 0,0060	1,70	0,17	0,54	2,18	0,60	5,19	0,55	0,03	0,17	0,75	+4,44	334
335	—	I 0,022	I 0,006	—	3,59	—	0,45	0,68	—	4,72	0,93	0,15	—	1,08	+3,64	335
336	—	I 0,015	I 0,007	I 0,009	2,08	1,61	0,43	0,35	—	4,47	0,63	0,17	0,25	1,05	+3,42	336
337	—	I (0,009)	I 0,010	—	{ 2,72		0,89	0,30	—	3,91	0,38	0,25	—	0,63	(+3,28)	337
338	—	I 0,007	I 0,017	I 0,006	{ 3,91		0,75	0,20	—	4,86	0,30	0,42	0,17	0,89	(+3,97)	338
339	0,0018	0,0080	0,0141	0,0009	1,09	0,28	0,47	0,37	0,07	2,28	0,34	0,35	0,03	0,72	+1,56	339
340	IV Spur	IV 0,3660	IV Spur	IV 0,0280	1,45	1,32	2,86	0,65	Spur	6,28	15,46	Spur	0,79	16,25	−9,97	340

Mn_2O_3; 0,0001 g = 0,01 mg-Äqu. Al_2O_3; 0,0069 g = 0,13 mg-Äqu. N_2O_5; totale Basen- **339** 0,72 mg-Äqu.; totale Gesamtsumme: +2,34 mg-Äqu.

Register

Register.

Die Zahlen geben die vorgestellten laufenden Ordnungsnummern an.

Holze & Pahl in Dresden
Verlag für Ernährungslehre und gemeinverständliche Heilweise

Das Fletchern

Ernährungs-ABC als Grundlage aller Körperkultur und Krankheits-Bekämpfung

Von

Dr. A. von Borosini
Lehrer für Diätetik in München

89 Seiten Oktav-Format
Preis: Geheftet M. 1.50, gebunden M. 2.—

Der Verfasser, einer der erfahrensten Lehrer auf diesem Gebiete, verkündet von neuem die ungeheure Bedeutung einer richtigen Ernährung auf Grund der Erfahrungen des Amerikaners Horace Fletcher und zählt schon heute Tausende aus allen Gesellschaftsschichten zu seinen überzeugten Anhängern. Die Methode lehrt weniger, was und wieviel wir essen sollen, als wann und wie wir essen sollen. Kein denkender Mensch, Arzt oder Laie wird sie befolgen, ohne dauernden Nutzen daraus zu ziehen. Zunächst gehört das Buch auch in die Hand jeder Frau, und vor allen Dingen jeder werdenden Mutter, die bei Befolgung seiner Weisungen, froher Hoffnung voll, einer beschwerdefreien Schwangerschaft und leichten Entbindung entgegensehen kann. Es bringt ferner die einfachste Lösung der Fleischnotfrage und zeigt für Sportsjünger und Soldaten den Weg zu einer gewaltigen Steigerung der Leistungsfähigkeit.

Eine Kennzeichnung des Inhaltes bietet folgendes Inhaltsverzeichnis: Vorwort. — Einleitung. — Körpermaschine und Feuerungsmaterial. — Wann sollen wir essen? — Wie sollen wir essen? — Die Verdauung. — Nerven und Stoffwechsel. — Gewohnheiten. — Schwangerschaft, Geburt, Kinderernährung. — Säuglingsernährung. — Sport und Spiel. — Der Soldat. — Der Handwerker. — Gelehrte, Künstler, Kaufleute. — Die Gesellschaft. — Krankheit und Vorbeugung.

Holze & Pahl in Dresden

Verlag für Ernährungslehre und gemeinverständliche Heilweise

Unsere großen Ernährungs = Torheiten

Eine gemeinfaßliche Darlegung der modernen Forschungsergebnisse über Ernährungs= und Diätfragen

Von

Dr. med. et phil. Th. Christen

Dozent der Universität Bern

3. stark vermehrte Auflage. 82 Seiten Oktavformat

Preis: Geheftet M. 1.25, gebunden M. 1.75

Dem Verfasser war es als ein Wagnis erschienen, eine Schrift herauszugeben, die sowohl Ärzten wie Laien etwas bieten soll; und doch gerade das will die vorliegende Darstellung, dem Laien, weil ein wissenschaftlich denkender Verfasser die beste Gewähr bietet, daß er das Wesentliche herausgreife und sich vor einseitigen Übertreibungen hüte; den Ärzten, weil gerade in diesen Fragen trotz ihrer großen hygienischen Bedeutung das Interesse weiter medizinischer Kreise erst gewonnen werden muß. Der Erfolg des kleinen Buches hat inzwischen hinlänglich bewiesen, wie beachtenswert seine Ausführungen sind. Zum selbständigen Denken und zum Urteilen auf Grund eigener Beobachtungen will der Verfasser seine Leser anregen: nichts sollen sie von ihm auf Treu und Glauben annehmen; denn gerade auf dem Gebiete der Ernährungsfragen haben Gedankenlosigkeit und Autoritätsglauben wichtige Fortschritte ungebührlich verzögert und behindert. Man komme, sehe, prüfe und — handle danach.

Holze & Pahl in Dresden
Verlag für Ernährungslehre und gemeinverständliche Heilweise

Das Fletchern

Ernährungs - ABC als Grundlage aller Körperkultur und Krankheits - Bekämpfung

Von

Dr. A. von Borosini
Lehrer für Diätetik in München

89 Seiten Oktav-Format
Preis: Geheftet M. 1.50, gebunden M. 2.—

Der Verfasser, einer der erfahrensten Lehrer auf diesem Gebiete, verkündet von neuem die ungeheure Bedeutung einer richtigen Ernährung auf Grund der Erfahrungen des Amerikaners Horace Fletcher und zählt schon heute Tausende aus allen Gesellschaftschichten zu seinen überzeugten Anhängern. Die Methode lehrt weniger, was und wieviel wir essen sollen, als wann und wie wir essen sollen. Kein denkender Mensch, Arzt oder Laie wird sie befolgen, ohne dauernden Nutzen daraus zu ziehen. Zunächst gehört das Buch auch in die Hand jeder Frau, und vor allen Dingen jeder werdenden Mutter, die bei Befolgung seiner Weisungen, froher Hoffnung voll, einer beschwerdefreien Schwangerschaft und leichten Entbindung entgegensehen kann. Es bringt ferner die einfachste Lösung der Fleischnotfrage und zeigt für Sportsjünger und Soldaten den Weg zu einer gewaltigen Steigerung der Leistungsfähigkeit.

Eine Kennzeichnung des Inhaltes bietet folgendes **Inhaltsverzeichnis:** Vorwort. — Einleitung. — Körpermaschine und Feuerungsmaterial. — Wann sollen wir essen? — Wie sollen wir essen? — Die Verdauung. — Nerven und Stoffwechsel. — Gewohnheiten. — Schwangerschaft, Geburt, Kinderernährung. — Säuglingsernährung. — Sport und Spiel. — Der Soldat. — Der Handwerker. — Gelehrte, Künstler, Kaufleute. — Die Gesellschaft. — Krankheit und Vorbeugung.

Verl

Sch̄le
bei ei
sich t
lieger
zu ho
noch
hartn
Urfac
Maßr
wird
Arzte
einfa
es bat
einige
an, b

Die A
50 Ka
Das A
der Sc
leiben.
Schlaf
Wege
als Sc
herrsch
übung
Die W
Fragen. — Fletcher und die Schlaflosigkeit. — Fasten als Schlafmittel. —
Der Einfluß der persönlichen Umgebung. — Die Schlafmittel der Kranken-
pflege. — Auch der Geist wirft Schatten. — Die Natur im Schlafzimmer.
— Das Gefühl des Alleinseins. — Nächtliche Spukgestalten. — Beschäf-
tigung als Schlafmittel. — Örtliche Wärmeanwendungen. — Reine At-
mungsluft. — Heizung und Schlaf. — Nervenstärkungsmittel. — Hypnose
und Schlaf. — Psychoanalyse und Schlaflosigkeit — Auch eine gute Seite
der Schlaflosigkeit.

Lightning Source UK Ltd.
Milton Keynes UK
UKHW050915071022
410089UK00008B/514